洞头区社会科学界联合会、洞头区海霞文化发展工作办公室、
洞头区海霞文化研究会文史丛书

海霞精神研究

——一种“革命文化”的价值

徐　彬　陈海鸥　阮海青　钟万如 编

浙江工商大學出版社
ZHEJIANG GONGSHANG UNIVERSITY PRESS

图书在版编目(CIP)数据

海霞精神研究：一种“革命文化”的价值 / 徐彬等编. —杭州：浙江工商大学出版社，2017.1

ISBN 978-7-5178-1878-6

Ⅰ. ①海… Ⅱ. ①徐… Ⅲ. ①文化史—洞头县 Ⅳ. ①K295.54

中国版本图书馆 CIP 数据核字(2016)第 256762 号

海霞精神研究

——一种“革命文化”的价值

徐　彬　陈海鸥　阮海青　钟万如 编

责任编辑 任晓燕
责任校对 陈晓慧
封面设计 林朦朦
责任印制 包建辉
出版发行 浙江工商大学出版社
(杭州市教工路 198 号　邮政编码 310012)
(E-mail:zjgsupress@163.com)
(网址:http://www.zjgsupress.com)
电话:0571-88904980,88831806(传真)
排　　版 杭州朝曦图文设计有限公司
印　　刷 杭州恒力通印务有限公司
开　　本 850mm×1168mm　1/32
印　　张 3.5
字　　数 100 千
版 印 次 2017 年 1 月第 1 版　2017 年 1 月第 1 次印刷
书　　号 ISBN 978-7-5178-1878-6
定　　价 15.00 元

浙江工商大学出版社营销部邮购电话　0571-88904970

序　言

城市精神，在深层次上影响着人们的世界观和价值观，作为一种无形的内在要素资源，是一座城市存在发展的内在动力。

百岛洞头，犹如一串嵌在东海万顷碧波之上的珍珠，山海兼胜，风光旖旎。半个世纪以前，一群普通的洞头渔家姑娘唱出了一首“中华儿女多奇志，不爱红妆爱武装”的海霞红歌；今天，飘扬在东海前哨的这首精神之歌依旧嘹亮，洞头儿女在这里创业创新，执着地守望着自己的精神家园，书写更为壮丽的当代传奇。

海霞的生命力在于始终与时代发展同步，时代的发展不断地赋予海霞精神新的内涵，从而使海霞精神日趋丰富、鲜活，永远保持着她的先进性。如今的海霞已不仅仅是国防建设的勇士，更是洞头经济、文化和社会建设的一面旗帜和一大品牌，它正在为洞头打造温州海上花园凝聚人心，汇聚力量，为洞头经济社会适应中高速、迈向中高端提供不竭的精神动力。

一、海霞精神　星火燎原的价值标杆

(1)海霞是在特殊时代背景下土生土长的洞头精神。

1958年，党中央发出了在全国大办民兵师，构筑强大的全民防御网的号召。洞头女子民兵连也因此呼应而出，成了全民防御网中的一个重要因子。

海的基因赋予了洞头人宽阔的胸怀，涵养了洞头人朴素的情感。这支连队的女民兵与岛上的广大干部群众，立足海岛，心向祖国，全情投入到保卫海岛、建设海岛的社会主义革命和社会主义建设实践中，谱写了一曲曲“军民联防”“保卫海防”“建设海岛”“繁荣海疆”的动人乐章。她们的先进事迹被写成小说《海岛女民兵》、被拍成电影《海霞》、被载入《中国共产党党史》(第二卷)，传遍祖国的大江南北，名扬海内外。

(2)“船的力量在帆上，人的力量在心上”。在女子民兵连纪念馆中，陈列着75枚奖章，92张奖状，129面锦旗，180余本荣誉证书，既见证了女子民兵连官兵的艰辛和执着，更表现了她们对理想信念坚定不移的追求。

这种信念来源于对美好理想的执着追求，来源于对党的无比信任，她们坚信“没有共产党就没有新中国”，只有坚持党的领导，人民才能幸福安康，国家才能繁荣富强。所以，这一批出身贫苦的渔家姑娘，无论是在建连之初的日日夜夜，还是在成长过程中的挫折坎坷，无论是在“文革”十年，还是在社会主义现代化建设新时期，始终做到“队伍不散，传统不变，思想不乱，训练不停，作风不松，活动不断”。

(3)脱下绚丽多彩的时装，换上迷彩服；剪去飘逸的长发，换成干练的女兵发型；离开了舒适的工作单位，走上英姿飒爽的练兵场。海霞精神的可贵之处在于传达了一种“励志奉献”的高尚品格。

那时候，参加民兵工作，保卫海防前哨，没有拿一分工资，没有发一分补贴，权当作是一项荣誉，一种责任。这种品格在那个时代形成了一种风气，一种习惯，一种追求。在社会主义的新时期，女子民兵连的民兵们秉承了这种“励志奉献”的品格。在重大节假日及战备期间，女子民兵连民兵轮流值勤，配合公安、武警开展巡逻；在急难险重关头，她们积极参与抗台抢险、山林灭火，为保护人民的生命财产安全默默地无私奉献。

(4)这种精神，不但成为推动海岛改革开放的重要力量，而且成为一代又一代洞头人的宝贵财富。海霞精神不是一个停留在过去的红色符号，而是一个经久不衰的价值航标，它在加快推进海洋经济发展、城乡统筹协调与和谐社会建设的同时，发扬光大、与时俱进。

如今，洞头岛上有“海霞扶贫帮困基金”“海霞妈妈”“海霞电力女子服务队”“海霞应急救援队”“海霞义工”等组织，她们秉承着“奉献、友爱、热心、互助”的宗旨，争当平安宣传员，争当便民服务员，争当困难帮扶员，争当矛盾调解员……2013 年，洞头率全国之先将活跃在民间的这 188 支服务队整合组建成海霞市民服务团，团员总人数超过 9800 人，超过洞头常住人口的 10%，堪称全国“市民服务第一团”。

(5)从盆景到风景，洞头有海霞精神生长的沃土、发育的温度，精神的标杆也找到了最大的“社会公约数”。经济的发达，可以为一个国家贴上强大的标签；而唯有精神的力量，可以让一个国家扛得起伟大的字眼。海霞精神正是我们民族精神传承和时代精神发展中极具生命力的一脉活泉，它奔流不息，为建设“两美”浙江，实现 21 世纪的“中国梦”汇聚了源源不断的新鲜力量。

二、时代旋律　经济社会的不竭动力

(1)海霞精神是充满地域文化个性和特色的价值取向,是推动洞头发展的动力,是造就洞头经济社会勃勃生机的精神支撑。从海霞精神到海霞文化,是在党领导下的洞头人民革命传统精神的凝集,是洞头群众核心价值体系的升华和结晶,是社会主义核心价值观在洞头的本土化和具体化。

洞头在持续五十多年的海霞活动中,建立了洞头先锋女子民兵连纪念馆,海霞军事主题公园,而以海霞名字命名的村居、单位、组织、文化社会团体等更是灿若群星,不断展现时代新风采。既保存了海霞物化与活化的丰富资料,创造了海霞文化鲜活的经验,营造了海霞文化的浓厚氛围,又形成以海霞传人为链条、以海霞情结的市民社会心理及道德生活为深厚底蕴的海霞文化生态圈。

(2)弘扬海霞文化,要与人们的日常生活紧密联系起来,在落细、落小、落实上下功夫。使其真正融化在人们的心灵里、体现在具体的行为中。

近几年里,洞头积极开展丰富多彩的以海霞精神为核心内容的主题活动,开展海霞精神宣讲、海霞文明共建、海霞市民服务等一系列公益活动,形成"人人知海霞、人人当海霞"的社会氛围;同时调动各海霞团队、艺术爱好者们的积极性,通过洞头人写洞头的故事,洞头人拍洞头的故事,洞头人唱洞头的故事等,突出本土化创作的元素,积极推出一批以海霞为主题的海霞书籍、海霞金曲、海霞话剧、海霞影像等文艺精品。

组织有关专家、学者,深入挖掘海霞军事、文化内涵,编写"海霞口袋书""海霞口述史""海霞精神""霞光璀璨""海霞传"等书籍，丰富学生对海霞精神的认识，将海霞精神融入学校教育之中，实现薪火相传。

(3)文化是柔中带刚的，它如绵绵流水哺育着一方乡土，看似柔弱的外表下蕴含着摧枯拉朽的宏大力量。将海霞精神融入全民创业创新之中，以海霞文化建设的正能量，激励海岛人民解放思想，形成经济发展、社会进步的内生动力。

洞头坚持以海霞精神为引领，进一步激发干部群众创业创新的动力，进一步调动海岛人民建设家乡的热情，进一步唤起全社会弘扬海霞精神的自觉性。

发展经济，必须要有精神动力，海霞精神的创业精神、创新精神、奉献精神等，就是发展经济的最好动力。海霞所体现的百折不挠的高贵品格，为追求理想而坚韧执着、战胜困难而义无反顾的精神，同样是当下洞头抢抓海洋经济发展、抢抓重点领域改革大好机遇必不可少的精神品格。推动国防后备力量建设与经济社会建设的良性互动，全力推进“海上花园”国际性旅游休闲岛建设，亦是一代又一代海霞人矢志不渝的奋斗目标。

(4)海霞已经成为了洞头历史传统、文化底蕴、发展特征、时代风貌和价值追求的总概括，是一种意志品格和文化特色的精确提炼，是洞头人生活信念和人生境界的高度升华，是洞头市民一致认同的精神价值和共同追求。

三、城市品牌　与时俱进的地域文章

(1)在经济全球化、文化多元化的时代背景下，紧跟时代步伐，大力弘扬海霞精神，充分利用海霞文化，挖掘其与时俱进的现实意义，使其更好地为经济建设服务——洞头正在书写这篇大文章。海霞是洞头不可复制的红色财富，是城市发展无与伦比的竞争优势。

一直以来，区（经国务院批准，洞头县2015年9月正式更名为洞头区）委区政府高度重视海霞品牌发展，2009年为适应经济建设的需要，洞头先锋女子民兵连成立了“海霞文化旅游发展有限公司”；2011年成立了以县委书记为组长的海霞军事文化发展工作领导小组，同年举办首个“海霞旅游·生态消费”活动日；2012年，洞头县海霞文化研究会宣告成立；2014年，“海霞办”作为洞头县旅委下属机构，专门负责海霞红色旅游发展工作。通过县委县政府主抓、各类海霞机构统筹推进，确保海霞品牌管理常态化，海霞精神代代相传，海霞文化延续发展。

（2）按照“高起点、大手笔、出精品”的要求，积极推进海霞文化印迹建设。

近年来，县财政先后整合旅游发展、扶贫开发、精品村建设等多方资金近5000万元，打造了以军事体验为主的海霞军事主题公园、以海霞文化展示为主的洞头先锋女子民兵连纪念馆、以教育体验为主的海霞营地以及军民友谊池、海霞故居、红星果园、海霞生态垦礁区、海霞生态剧场等红色旅游景点。在城区建设海霞公园、海霞广场、海霞中学等，在城市文化中也融入海霞文化元素，使广大市民和游客充分感受海霞文化的氛围。

（3）加快海霞红色旅游发展，依托海霞军事主题公园和女子民兵连纪念馆，深度开发民兵体验、户外拓展训练、青少年军事教育等项目，推出“住海霞营、吃连队饭、穿迷彩服、过军事日”等主题旅游产品和多条红色旅游精品线路，使海霞文化与军事体验、渔家乐旅游等活动很好地结合起来，吸引了广大群众特别是青少年学生的积极参与，其中“海霞营地军事游”线路深受游客青睐。

洞头已启动女子民兵连纪念馆国家级爱国主义教育基地的申创工作。同时，在洞头红色旅游景区被列入省级红色旅游经典景区的基础上，积极争取建成国家级红色旅游经典景区，将“海霞之旅”纳入全国红色旅游推荐线路之中。借女子民兵连建连55周年之机，精心举办“中国·洞头红色旅游”高峰论坛，邀请国内专家学者参加海霞红色旅游发展研讨会，凝聚专家学者智慧，传播洞头海霞品牌。

(4)扩大海霞品牌知名度，整合各类以“海霞”冠名的社会公益组织，通过拍摄微电影、举办全国性赛事以及网页、微博、微信等现代传播媒介，使海霞品牌的知名度越来越高。

2013年拍摄了以“海霞”为题材的微电影《海岛女民兵的爱情故事》，这是目前国内第一部描写新时代海岛女民兵事业、爱情、生活的微电影。加强“海霞牌”商标保护，完成29大类280个“海霞牌”商标注册。制作的海霞旅游歌曲《海霞新曲》在温州市好歌曲评选中，获评“温州好歌曲”。2014年，温州市首部大型海霞青春励志舞台剧《海霞青春梦》上演，广受观众好评。

此外，洞头积极与全国知名的新闻媒体、影视集团、传媒公司、艺术院校等文化媒介进行广泛交流合作，积极推介海霞文化的主题事迹，让全国文艺创作者的目光能聚集到百岛洞头，海霞故乡。

(5)在推进现代化的进程中，我们越来越认识到城市精神对提高城市向心力、凝聚力的重要作用。弘扬城市精神已经是一个城市塑造崭新的城市形象、提升城市竞争力的重要举措。海霞是洞头昨天的历史背影，今天的城市品牌，明天的发展动力。恰似百川归海，海霞精神正因着日积月累而气势磅礴！

五十五年，是一段辉煌的里程，而下一个五十五年，海霞精神还将在“海上花园”——洞头继续传承、创新、发展，成为洞头对内发展的一股精气神，成为洞头对外传播的一张金名片。

目 录

第一章　革命文化的基本理论

在长期的革命斗争实践中，中国共产党形成了具有鲜明特色的革命文化。列宁曾说过，无产阶级文化并不是从天上掉下来的，也不是什么人凭空杜撰出来的，而应当是人类在资本主义社会、地主社会和官僚社会压迫下创造出来的全部知识合乎规律的发展。作为革命文化，不是革命和文化的简单相加，而是将中国历史文化中的革命寓意与社会历史实践的思想有机的整合。革命文化是中国人民在长期的革命实践中，不断地选择、融化、重组、整合中外优秀文化思想的基础上所形成的特定文化精神和文化形态。

第一节　革命文化的基本概念

文化是一个永恒的命题，自人类社会产生伊始便已客观地存在。文化是一个民族的灵魂和血脉，是一个民族的精神记忆和精神家园，体现了民族的认同感、归属感，反映了民族的生命力、凝聚力，是综合国力的重要体现。作为中国特色社会主义文化重要组成部分的革命文化，是中国传统文化不可分割的重要组成部分，是我们党领导人民在实现中华民族的解放和自由的历史进程和社会主义建设的伟大实践中产生的特有的文化现象。它在特定的经济、政治、社会基础上产生，同时又以其特殊的方式给予经济、政治、社会以巨大的影响和有力的促进。在当今中国社会从传统向现代转型的这一特定时期，社会上各种思潮涌动，此时用正确的观念引导人民群众度过这一关键时期尤为重要，而革命文化恰好可作为一种正确、积极和有用的文化观念来引导人们度过这一特殊时期。

革命文化蕴含着丰富的革命精神和厚重的历史文化内涵，是中国共产党人继承弘扬民族优秀传统文化和积极吸纳人类先进文明的产物，它蛰伏于近代，形成于“五四”以后，成熟和发展于新民主主义革命和社会主义建设时期。我们认为，革命文化是广大人民群众在中国共产党领导下，在实现中华民族的解放与自由的历史进程中和新中国社会主义三大改造时期，整合、重组、吸收、优化古今中外的先进文化成果基础上，以马克思列宁主义的科学理论为指导而生成的革命文化。

对革命文化应有广义和狭义的理解，广义的革命文化是指世界社会主义运动历史进程中人们的物质和精神力量所达到的程度、方式和成果，狭义的革命文化是指中国共产党在领导中国人民实现民族的解放与自由以及建设社会主义现代中国的历史实践过程中凝结而成的观念意识形式。

革命文化作为一种重要资源，包括物质文化和非物质文化两个方面。其中，物质文化表现为遗物、遗址等革命历史遗存与纪念场所；非物质文化表现为井冈山精神、长征精神、延安精神等革命精神。

革命资源是以革命道路、革命文化和革命精神为主线的集物态、事件、人物和精神为一体的内容体系。将革命文化概括为革命年代中的“人、物、事、魂”。其中的“人”是在革命时期对革命有着一定影响的革命志士和为革命事业而牺牲的革命烈士；“物”是革命志士或烈士所用之物，也包括他们生活或战斗过的革命旧址和遗址；“事”是有着重大影响的革命活动或历史事件；“魂”则体现为革命精神。

综合各种理解，倾向于从广义和狭义两个角度认识革命文化的内涵。从文化的边界范围来看，广义的革命文化是指世界社会主义和共产主义运动整个历史进程中形成发展的人类进步文明的总和。狭义的革命文化是指中国共产党领导中国人民进行的革命和建设进程中形成发展的，以社会主义和共产主义为指向的，将马克思列宁主义与中国实际相结合，兼收并蓄古今中外的优秀文化成果而形成的文明总和。从文化的形态和形式来看，广义的革命文化包括物质文明、精神文明、政治文明、社会文明、生态文明等各种文明形态。狭义的革命文化则是特指以文化形态表现出来的，体现社会主义、共产主义方向和目标的文明形态。

第二节　革命文化的主要特征

革命文化最根本的特征是“革命”，它具有革命性和先进性相统一、科学性与实践性相统一、本土化与创新性相统一以及兼收并蓄和与时俱进相统一等特征。中国革命文化有一个形成、发展、积淀、丰富、创新的文化演进过程，已经经历或必将经历在中国共产党领导下的新民主主义革命时期、社会主义革命和建设时期、建设中国特色社会主义时期等各个历史时期，直到共产主义最终实现的整个历史进程。具有以下几个方面的特征：

一、科学性

科学性，即它是反对一切封建思想和迷信思想，主张实事求是，主张客观真理，主张理论与实践一致的，反映了革命文化发展的连续性，体现了追求真理、实事求是和开拓创新的科学精神，更展示了指导思想上的唯物论、文化取舍态度上的辩证法以及方法上的实践观，正确认识和反映了人类社会的内在本质及其发展规律。

二、时代性

中国共产党之所以能由小到大，由弱变强，最后夺取全国政权，并不断发展壮大，一个最根本的原因就是始终把振兴中华民族、弘扬先进文化当作自己的神圣使命，把马克思主义与中国的具体实际相结合，总结和提炼出了一种崭新的革命文化。革命文化植根于中国不同历史时期的社会实践之中，充分体现了中国政治、经济发展的主流和方向，具有鲜明的时代特征。

三、民族性

中华民族有几千年的文明史，在人类历史发展的长河中形成了自己独特的光辉灿烂的传统文化。尽管从总体上、主导地位上来看，传统文化是与小农经济、专制封建官僚政治相适应的，但作为糟粕与精华糅合并存的复合体，传统文化中仍有许多具有强大生命力的文化精华。革命文化是反对帝国主义压迫，主张中华民族的尊严和独立的。它是我们这个民族的，带有我们民族特性的文化，对民族优秀的传统文化予以弘扬并加以创新，使中华民族的优秀文化传统成为革命文化的有机组成部分。

四、大众性

革命文化始终是与人民群众的根本利益和要求紧密相连的，具有非常强烈的群众意识。它来自于人民大众，服务于人民大众，代表了人民大众的意志和愿望。革命文化源于大众，决定了文化必须体现人民群众的意愿并为他们服务，为全民族百分之九十以上的工农劳苦民众服务，并逐渐成为他们的文化。革命文化以提高广大人民大众思想素质和文化素质为己任，在中国历史发展的伟大实践中不断求得发展和创新，以满足人民大众日益增长的精神文化生活的需求。

五、开放性

新民主主义时期，毛泽东将马克思主义文化与中国传统文化和社会实践有机结合，产生了中国革命文化第一次质的飞跃。伴随着经济全球化步伐的加快，特别是现代科学技术的飞速发展，不同国家、不同地区、不同社会意识形态的文化出现了相互交融、相互影响的趋势。邓小平确立了改革开放的基本国策，使我国的革命文化建设面向世界、面向未来，融汇世界各民族的一切优秀文化成果而求得自身发展成为可能。

六、创新性

新民主主义文化创新，引领中国人民取得了新民主主义革命的胜利，改革开放时期的“科学技术是第一生产力”“贫穷不是社会主义”的创新，引领中国人民走向了富强。江泽民指出：“创新是一个民族进步的灵魂，是一个国家兴旺发达的不竭动力。”在历史发展的长河中，一个国家、一个民族，谁勇于创新、善于创新，谁就能抓住社会大变革时期的宝贵机遇而迅速发展，谁缺乏创新精神，抱残守缺、因循守旧、墨守成规，谁就注定要走向落后和衰败。中国共产党的革命文化的发展历程，体现了文化创新的特征。

第三节 革命文化的主要价值

在九十五年的革命、建设、改革的伟大实践中，中国共产党带领中国人民创造了独特的革命文化。革命代表着希望、胜利、创造、勤劳、勇敢、自力更生、艰苦奋斗、不怕流血牺牲等，是中国共产党的价值追求和中华民族精神内涵最生动的象征。正因为有了中国共产党、有了革命文化，中华民族才逐步从鸦片战争后迷茫委顿、备受欺凌的状态中挣脱出来，实现了由落后衰败走向繁荣富强的伟大转折。在实现中华民族伟大复兴中国梦的征程中，大力弘扬革命文化，从中汲取昂扬奋进、团结拼搏的精神动力，具有重要现实意义。

革命文化是马克思主义基本原理同中国具体实际相结合的精神结晶，是对中华优秀传统文化和世界优秀文化的继承、发展与创新。它彰显了马克思主义的先进性、真理性，是中国共产党的信仰、制度、作风、道德、革命精神、革命传统等的综合体现，具有鲜明的民族性、科学性、大众性。

习近平同志强调，一个国家、一个民族的强盛，总是以文化兴盛为支撑的，中华民族伟大复兴需要以中华文化发展繁荣为条件；要不断丰富人民精神世界、增强人民精神力量，不断增强文化整体实力和竞争力，朝着建设社会主义文化强国的目标不断前进。这些重要论述，为新时期社会主义文化建设提出了要求、指明了方向。在各种文化中,革命文化以其鲜明的政治立场、崇高的价值取向、深厚的群众基础、坚决的奋斗精神等,为实现中华民族的伟大复兴提供了强大精神动力。

当前,尤其应注意发挥革命文化在意识形态工作中的作用。一个时期以来,西方敌对势力竭力对我国进行思想文化渗透。他们否定我们党的指导思想和社会主义道路,鼓吹所谓"普世价值"、资产阶级"民主宪政",挑起事端,制造民族分裂,妄图使我们改旗易帜。对此,我们必须保持高度警惕。革命文化百炼成钢,是抵御西方腐朽反动思想文化侵蚀、防止"和平演变"的利器。应充分认识其内涵、意义,切实用好这一思想武器。

作为革命文化来讲,既有历史价值,也有现实价值,既有社会价值,还有经济价值、政治价值、文化价值、精神价值等。

第一,革命文化有利于构建诚信奉献、服务社会、服务人民的社会主义文化,是促进社会主义市场经济健康发展的强大精神动力和文化基础。

第二,革命文化是马克思主义大众化的主要载体和传播渠道,是构建社会主义核心价值体系的重要途径,有利于形成爱祖国、爱人民、爱集体、爱劳动、爱党、爱社会主义的主流文化和主流意识形态,形成坚定的政治信仰,构筑强大的社会主义先进文化、社会主义和谐文化,为社会的和谐稳定提供强有力的文化支撑和思想保证。

第三,革命文化有利于传承优秀的民族文化和历史传统,弘扬以爱国主义为核心的,勤劳勇敢、和平统一、自强不息、厚德载物的民族精神,实现优秀的民族传统文化、社会主义先进文化与现代社会多元文化的交融共进,增强民族凝聚力、向心力,为我国经济社会发展提供强大的精神动力。

第四，革命文化有利于加强对党员干部和广大人民群众的思想道德教育，促使其形成正确的人生观、价值观、世界观，为广大青少年和人民群众创造良好的社会文化氛围，有利于形成公平正义、诚信友爱、团结互助、安定有序的良好社会风气。

第五，革命文化有利于在错综复杂的国际国内环境中贯彻落实科学发展观，提高党的领导水平和执政水平，增强中国共产党拒腐防变、抵御风险的能力，加强党的建设，始终保持党的先进性，保持中国共产党执政为民、立党为公的政治本色，有利于密切党群关系、干群关系，保持我国政治局势和社会局势的和谐稳定。

第六，革命文化有利于动员人民群众，强化对贪污腐败和黄赌毒黑等社会丑恶现象的舆论监督、道德监督、社会监督，有利于展开群防群治，打击违法犯罪，净化社会环境和社会空气。

第七，革命文化有利于形成反映不同群体和阶层人民群众利益诉求和心声的利益表达机制、利益协调机制、矛盾调处机制，有效化解人民内部矛盾，有效激发人民群众中蕴藏的无穷智慧和活力。

第四节　革命文化的影响要素

造成这种革命文化的因素是多种多样的，但其主要有以下几个原因：

第一，经济基础的变化是革命文化的决定性因素，其他的因素都是通过这一因素起作用的。马克思主义唯物史观认为，一切社会变迁和政治变革的终极原因，不应该在人们的头脑中，在人们对永恒的真理和正义的日益增进的认识中去寻找，而应该在生产方式和交换方式的变更中去寻找；不应该在有关的时代的哲学中去寻找，而应该在有关时代的经济学中去寻找。这就清楚地告诉我们，一切革命文化都有一个现实的基础，即当时生产力的水平发展到一定的阶段，原有的生产关系与它不相适应所发生的变革。但是，我们应当认识到马克思主义的唯物史观并不像资产阶级社会学家所歪曲的那样是“经济决定论”。影响革命文化还有其他方面的因素。

第二，多种上层建筑的因素相互作用，也影响着革命文化。如上所述，马克思主义认为，一切社会革命文化只有根据它们的生产关系的一定历史结构才能理解，但这并不是一种空洞的抽象或刻板的对立两极。恰恰相反，马克思主义认为，任何历史事变和社会文化都是复杂的，经济虽然是基础，但是科学、技术、政治、法律、哲学、宗教、文学、艺术以及人们头脑中的传统观念等等，都是交互发生作用的，整个伟大的发展过程是在相互作用的形式中进行的，这里没有任何绝对的东西，一切都是相对的。一个社会中的多种上层建筑的因素相互作用，也都会影响着革命文化。

第三，自然环境的变化也会影响革命文化。与人类社会紧密相关的生存环境的变化，一切突发的自然灾害，一种主要生活资料的枯竭都可能改变人们的生活方式。人类要适应这种改变了的自然环境，就要创造新的文化。随着人类征服和改造自然能力的增强，自然环境变化对人类革命文化的影响力有所减少。但是，近年来的趋势已经表明，人类社会并不能摆脱自然的循环，地球的自然环境始终是人类文化发展的极限。

第四，大众传媒背景下，现代大众传播媒介的发展为革命文化提供了必要的载体。文化生产像其他形式的生产一样，依赖某些生产技术，这些技术给特定时期的文化打上深深的烙印。以电子媒介为基础的文化是人类文化经过书面和印刷文化的变迁向口语化更高层次的回归。以电子媒介为基础的文化既具有口语文化的直观直觉性质，也能像文字符号一样克服人类直接交流中的限制。同时，由于电子媒介使文化重新通过声音和形象得以传播，从而消除了书面印刷文化的文字符号对大众的限制。从传播的方式来看，电子媒介具有真正的平等性和公平性。这一特性使得它成为革命文化中各种类型文化唯一可以利用的形式。改革开放以来，以电子媒介为基础的中国大众传播网络发展十分迅速。伴随着高新技术的发展，以电脑多媒体、数字式视听设备、国际互联网等新传播媒介为标志的新型文化产业迅速兴起。

第二章　海霞精神：一种“革命文化”的演绎

第一节　洞头先锋女子民兵连与海霞精神的形成

洞头先锋女子民兵连是在毛泽东主席“大办民兵师”的号召下成立的，女子民兵连在军民联防工作中做出了突出贡献。1965年12月，浙江省人民委员会、浙江省军区为该连记集体一等功一次；1978年9月，浙江省革命委员会、浙江省军区命名该连为“洞头县先锋女子民兵连”；1979年和1983年，该连两度被评为“全国三八红旗集体”。

以洞头女民兵为原型创作的长篇小说《海岛女民兵》，于1966年7月由人民文学出版社出版，1972年再版，而后又被译成英文版、德文版、日语版和叙利亚文版，还被改编成电影《海霞》。1977年10月，在第十届巴塞罗那国际电影周和第三十届洛迦诺电影节上放映，在国际上产生了巨大反响。小说《海岛女民兵》、电影《海霞》，成了文学和影视的红色经典，影响了一代又一代人。洞头先锋女子民兵连建连55年来，女子民兵连始终做到“思想不乱，队伍不散，训练不断，传统不丢，战旗不倒”。如今,“海霞”成了洞头先锋女子民兵连英雄集体的形象代表,“爱岛尚武,励志奉献”的海霞精神,成了洞头的宝贵精神文化财富和特色红色旅游资源。

海霞精神的形成,是党领导下的革命传统精神的凝聚。自古以来,巾帼不让须眉。尤其是每到重要时刻,“半边天”们会挺身而出,为国家、为民族、为一方承担重任,奉献智慧与力量。以“海霞”为代表的洞头先锋女子民兵连是在军事斗争背景下产生的英雄群体,其诞生和成长,存在着历史的原因和现实的基础。洞头历经三次解放。新中国成立后,东南沿海特别是台海局势紧张,毛主席说海防建设要“军民结合、平战结合”,将常备武装力量和人民武装力量结合起来,才能有效地保卫国家海疆的安全。1960 年 4 月,党中央在北京召开了全国民兵代表大会,提出要大办民兵师,构成强大的全民防御网。在洞头党组织的领导下,从投入保卫海岛,到社会主义建设实践,凭着坚定执着的信念,发扬爱国主义、集体主义和革命英雄主义精神,开展渔农业生产、学习文化、苦练本领,坚守海防一线,谱写了一曲曲“军民联防”“保卫海防”“建设海岛”的壮丽篇章。

海霞精神的形成,是大海孕育下的洞头文化的赋予。俗话说“一方水土养育一方人”。大海养育了这一片水土,也造就了这一方人宽广澎湃的性情。生活在海边的渔家姑娘,原本受民众信奉的“妈祖”文化的熏陶,加之海边生活也塑造了她们豪爽大度的性格,她们立足海岛,胸怀祖国,以无畏的精神担当保家卫国的重任,以朴素的情感践行地方建设的使命,以无私的奉献实现个人人生的价值。面对复杂艰难的环境,她们仍然毫不动摇地献身国防事业,大海赋予她们广阔胸怀和坚强性格,她们敢于同风浪搏击,无论身处逆境还是面对各种利益纷呈的诱惑,始终矢志不渝，不断奋发有为、争先创优。50多年来，“海霞们”不仅敢于担当，而且善于担当，每个任务都精益求精，获得了无数的荣誉和赞赏。“海霞”成了洞头的标杆、精神模范和学习榜样，成了洞头的名片和品牌，实现了“传统代代相传、战旗今朝更红”。

海霞精神的形成，是社会转型下的思想教育的升华。在新的历史条件下，“海霞”继承和发扬了党在革命战争年代延续下来的优良传统作风，又增添了新的时代内容。女子连的官兵们秉承着“爱岛尚武，励志奉献”的海霞精神，留下了一个个催人泪下的故事，她们以自己的思想标准和追求的信念目标，支撑着社会转型时期精神文化的整体建构。在各级领导的悉心指导和关怀爱护下，海霞精神作为洞头群众社会主义核心价值观体系的文化内容，不断积淀和升华。女子连已不仅仅是代表当年守岛固边的民兵连，更是改革开放大潮下战旗更红的连队，海霞积极体现出与时俱进的精神境界，内涵更加丰富，更具生机活力，更有时代特征。如今，“海霞”成了洞头先锋女子民兵连英雄集体的形象代表，海霞精神成了洞头的宝贵精神文化财富，形成了以“海霞”队伍为纽带、以“海霞精神”为人生观、价值观、道德观的社会心理的海霞精神文化体系。

第二节　海霞精神的时代特征和演变

海霞精神既是特定历史条件下所形成的文化现象，也是依附洞头地气所衍生的思想，更是顺应社会主流意识形态所体现的精神链接，具有鲜明的政治性、时代性、广泛性。

“海霞”展现了新中国女性的时代风采。海霞是海霞精神的缔造者和先行者。1961 年 2 月,毛泽东以一首《七绝·为女民兵题照》诗赞女民兵:“飒爽英姿五尺枪,曙光初照演兵场。中华儿女多奇志,不爱红装爱武装。”这首诗成功地塑造出了飒爽英姿的女民兵形象,热情地歌颂了我国广大妇女崭新的精神面貌。在旧中国,中国妇女受到政权、族权、神权、夫权这些封建宗法思想和制度的压迫,而这样的日子,在社会主义新中国,已经一去不复返了。同时长篇小说《海岛女民兵》和改拍成的电影《海霞》大受欢迎,影片中的插曲《渔家姑娘在海边》更是到处传唱,让海岛女民兵家喻户晓,更让海霞的艺术形象,永远以充满生机活力、年轻漂亮的女性形象扎根在人们的心中。时代在变,环境在变,生活条件在变。当今的海霞已经从军事的典型、电影的名称当中脱胎出来,不爱红装爱武装的风采英姿已演变为一种战斗精神、奉献品质、励志形象,转化为社会各种各样的爱岗敬业、创先争优行动,塑造出了新时期蕴含着外柔内刚性情、优秀引领素质、追求成功卓越的女性形象。

“海霞精神”成了精神境界追求的时代旋律。海霞文化所依托的是海霞精神,海霞精神的本质特征是励志奉献。正因为励志奉献精神的激励,才使女民兵前赴后继地默默付出;正因为励志奉献精神的激励,一批批海霞人继承发扬开拓创新;正因为励志奉献精神的激励,才使海岛群众凝聚一心奋发有为。思想根源的形成发展总归有它的原因所在:其一是始终保持艰苦奋斗的优良作风不懈怠。女子连的连魂,就是坚持“传统不丢、队伍不散、训练不停、作风不松,讲诚信、重操守、创品牌”。其二是始终保持无怨无悔的奉献精神不动摇。人是要有一点精神的,这个精神首先就是奉献精神,既是一种真诚自愿的付出,更是一种纯洁高尚的洗礼。时代需要这种服从大局的奉献精神,需要满腔热情的精神状态。其三是始终保持与基层的密切联系。扎根于海岛，奉献于基层，服务于群众。海霞已不仅是体现不爱红装爱武装的英雄连队，而是成为激励洞头军民奋力前行的榜样，把服务群众作为立足点，体现各条战线处处有海霞的力量助推着洞头经济社会的大发展大繁荣。

“海霞文化”激发了全社会精神文化生活的正能量。海霞文化是以海霞精神为核心的包括物质文化、精神文化和制度文化等在内的有机整体。在新的历史条件下，弘扬海霞精神，建设海霞文化，以更加广阔的视野融入时代大潮流，体现时代主旋律，使海霞精神成为洞头广大干部群众的价值取向、境界追求和自觉行为，在全社会形成“讲海霞、学海霞、争当海霞”的良好氛围。这里主要包括三个方面：首先，海霞品牌深入人心。海霞文化的有形介质来源于海霞标签、海霞组织、海霞活动，目前已涌现出来一大批以海霞命名的代名词，如海霞军事主题公园、海霞村、海霞中学、海霞储蓄所、海霞电力等等，“海霞”成了洞头的一种地标、一种印记。其次，海霞精神教化人心。受海霞文化影响熏陶，涌现出一个个讲奉献、暖人心的海霞故事，海霞文化成了提高修养的催化剂、促进和谐的润滑剂、凝聚人心的黏合剂，海霞宣传队、海霞妈妈、海霞青年志愿者等队伍活动纷呈、成效明显，“海霞”成了道德示范、学习榜样。再次，海霞价值熠熠生辉。借力于海霞文化延伸到社会各个阶层、各个行业，海霞逐步形成了一种品牌。品牌是资源、是生产力。海霞文化融入旅游，海霞文化与红色旅游互促互进，形成了旅游促文化、文化兴旅游、文化旅游助推产业发展的态势，“海霞”成了地方的产业资源，成了经济发展的助推器。

第三节 海霞精神的时代机遇与传承

“海霞”是洞头人民的骄傲，也是洞头的品牌，给洞头带来良好的社会和经济效益。我们要抓住有利时机，找准洞头发展特定阶段下的精神支柱和文化定位，大力弘扬海霞精神，使之成为全区人民聚力发展的精气神。

海霞精神是一种传统的新继承。学习、宣传、践行海霞精神，具有非常重要的历史意义。习总书记高度重视红色文化与传统精神，党的十八大以后，习总书记先后到河北省西柏坡、河南省兰考、山东省沂蒙地区、福建省上杭古田会议旧址等红色文化阵地视察调研，强调要继承和发扬老一辈无产阶级革命家和无数革命先烈与先辈们的高贵品质和伟大精神。习总书记在洞头先锋女子民兵连建连50周年贺信中指出，民兵连始终坚持无私奉献精神，发挥爱国主义、集体主义和革命英雄主义精神，在保家卫国、建设海岛、抢险救灾等方面做出了积极贡献，涌现出了许多感人事迹和先进事迹。希望你们在新的历史时期，大力弘扬“海霞精神”，更好地适应时代新要求，努力展现巾帼新风采，继续为发展地方经济、维护和谐稳定、服务国防建设等做出新的贡献。海霞精神作为爱国主义、集体主义和革命英雄主义思想，是一种宝贵的精神财富，要不断结合新的时代条件发扬光大。

海霞精神是一股时代的新强音。习总书记在全国宣传思想工作会议上指出：“信仰是思想的强大支柱，信念是力量的根基源泉。没有坚定的信仰引领，就难以经受严峻考验；缺乏信念的有力支撑，就会在干扰诱惑前败下阵来。”精神层面的空虚反映在社会上，则表现为价值紊乱，极端自私的个人主义、不讲诚信、道德缺失等等。当前社会层面文明道德情操等精神领域一定程度上的不和谐发展，已经时刻影响着整个社会改革发展进程。面对社会上和党内存在的各种不健康现象，我们急需加强革命传统教育，在社会上树立起一股正气，在党内形成一股清风。社会核心价值体系的植入需要本土的融会贯通，海霞精神兼具社会核心价值体系的基本理念，这就需要我们把海霞精神融入社会主义核心价值观，就如社会主义核心价值观是社会主义核心价值体系最深层的精神内核，让其具有强大的感召力、凝聚力和引导力。

海霞精神是一脉乡情的新延续。作为曾经落后偏远的海岛县，与温州精神“敢为天下先、特别能吃苦”一样，洞头人民勇敢、勤劳、拼搏、力争上游的理念，那股坚守偏僻海岛的韧劲、乘风破浪的闯劲、众志成城的干劲，共同形成了拥有大海特质的洞头精神。这种精神品质如洞头依然矗立着的原生态石头瓦房，在潮起潮落间见证着洞头翻天覆地的变化，也潜移默化熏陶着广大民众，体现着对家园那种坚忍不拔、默默执着的守护。这片沃土孕育出来的海霞精神，兼具土生土长的原生态特性，以固有的乡情融入了时代大潮流，体现了时代主旋律。精神家园离不开故土情结的呼唤和寄托。当前文化洞头大建设离不开海霞精神这支主标杆，要不断充实文化内容，拓展服务领域，创新活动方式，用海霞精神凝聚人心、鼓舞斗志、引领风尚，不断扩大海霞精神的乡土自豪感和应有归属感。

第四节　海霞精神的价值诠释

“海霞”的生命力在于始终与时代发展同步，时代的发展不断地赋予海霞精神新的内涵，从而使海霞精神日趋丰富、鲜活，永远保持着她的先进性。如今的海霞已不仅仅是国防建设的勇士，更是洞头经济、文化和社会建设的一面旗帜和一大品牌，它正在为洞头打造温州“海上花园”凝聚人心，汇聚力量，为洞头经济社会适应中高速、迈向中高端提供不竭的精神动力。

一、海霞精神不是文化“博物馆”中的陈列品

列文森在《儒教中国及其现代命运》一书中指出，在中国，儒家传统已经失去真正的价值，只能成为“博物馆”里的陈列品。从海霞精神的影响来看，对中老年人而言，电影《海霞》是一个逐渐远去的历史文化符号，其之所以还能让人偶尔想起，往往是因为听到其主题曲《渔家姑娘在海边》的歌声：“大海边，沙滩上，风吹榕树沙沙响。渔家姑娘在海边，织呀织渔网织呀么织渔网……”。从当前年青一代来看，许多人对海霞精神已经淡漠了，甚至已经遗忘了。原以为，这支洞头先锋女子民兵连及其所蕴含的海霞精神早已淡出历史舞台了，谁知不然。

总体来讲，海霞已经成为洞头历史传统、文化底蕴、发展特征、时代风貌和价值追求的总概括，是一种意志品格和文化特色的精确提炼，是洞头人生活信念和人生境界的高度升华，是洞头市民一致认同的精神价值和共同追求。

二、海霞精神是洞头人民海岛精神与文化“三阶”的结合与传承

海霞精神的产生和发展既是一个历史过程，又是一个由个别到普遍、由局部向全局衍生的过程。这也是从历史维度来解读海霞精神的丰富内涵。

从历史维度看，海霞精神可划分为“三阶”。

一是“传统阶”。海霞精神是对洞头海岛人民和中华民族优秀传统道德的继承和发展，是具有历史厚重感的精神价值资源的重组，是中华民族特有的民族精神在特定历史的具体体现。海的基因赋予了洞头人宽阔的胸怀，涵养了洞头人朴素的情感。从一种精神的产生来看，海霞精神是以海霞的原型汪月霞为代表的，集合洞头女子民兵连从成立之初就不断继承与发展的坚韧不拔的精神。这种精神在汪月霞身上体现得尤其充分。党中央发出了在全国大办民兵师，构筑强大的全民防御网的号召。洞头女子民兵连也因此呼应而出，成了“全民防御网”中的一个重要因子。

这支连队的女民兵与岛上的广大干部群众，立足海岛，心向祖国，全情投入到保卫海岛、建设海岛的社会主义革命和社会主义建设实践中，谱写了一曲曲“军民联防”“保卫海防”“建设海岛”“繁荣海疆”的动人乐章。她们的先进事迹被写成小说《海岛女民兵》、被拍成电影《海霞》、被载入《中国共产党党史》（第二卷），而传遍祖国的大江南北，名扬海内外。

同时，海霞精神既见证了女子连官兵的艰辛和执着，更表现了她们对理想信念坚定不移的追求。这种信念来源于对美好理想的执着追求，这种信念来源于对党的无比信任，她们坚信“没

有共产党就没有新中国”，只有党的领导，人民才能幸福安康，国家才能繁荣富强。所以，这一批出身贫苦的渔家姑娘，无论是在建连之初的日日夜夜，还是在成长过程中的挫折坎坷，无论是在“文革”十年，还是在社会主义现代化建设新时期，始终做到“队伍不散，传统不变，思想不乱，训练不停，作风不松，活动不断”。

二是“当代阶”。海霞精神传承发展于当代，当代人的精神价值指向和需求程度，决定着海霞精神价值实现的效能，这是海霞精神价值传承与升华的深厚时代根基。并且，海霞精神不是一成不变的，它也将随着时代的发展而不断丰富完善。海霞精神，不但成为推动海岛改革开放的重要力量，而且成为一代又一代洞头人的宝贵财富。海霞精神不是一个停留在过去的红色符号，而是一个经久不衰的价值航标，它在加快推进海洋经济发展、城乡统筹协调与和谐社会建设的同时，发扬光大、与时俱进。

50 年来，从“奶奶”“妈妈”到“孙女”，三代“海霞”之所以能始终活跃在洞头，成为一道独特的风景线，关键就在她们不吃老本，不因循守旧，而是与时俱进，时刻赋予连队新的时代元素。如今，洞头岛上有“海霞扶贫帮困基金”“海霞妈妈”“海霞电力女子服务队”“海霞应急救援队”“海霞义工”等组织，她们秉承着“奉献、友爱、热心、互助”的宗旨，争当平安宣传员，争当便民服务员，争当困难帮扶员，争当矛盾调解员……2013 年，洞头率全国之先将活跃在民间的这 188 支服务队整合组建成海霞市民服务团，团员总人数超过 9800 人，超过洞头常住人口的 10%，堪称全国“市民服务第一团”。同样，当前的洞头建设甚至于浙江省的创新创业发展也需要这种与时俱进的精神。从当年的挑着货郎担和剃头挑子走南闯北，到而今的招商引资、扩大对外贸易，无不需要创业者紧跟时代节拍，与时俱进。

三是“未来阶”。海霞精神源于当代，但它的意义和影响却远远超越了它所处的时代，并在实践中成为广大洞头海岛人民的立身之基与精神寄托。它深刻揭示了社会精神文明建设和发展的规律，揭示了人的自由和全面发展的价值导向和路径，体现了历史发展的趋势与要求，永远是推动社会进步的巨大精神动力。

可以说，从盆景到风景，洞头有海霞精神生长的沃土、发育的温度，精神的标杆也找到了最大的“社会公约数”。经济的发达，可以为一个国家贴上强大的标签；而唯有精神的力量，可以让一个国家扛得起伟大的字眼。海霞精神正是我们民族精神传承和时代精神发展中极具生命力的一脉活泉，它奔流不息，为建设“两美”浙江，实现21世纪的“中国梦”注入了源源不断的新鲜力量。

三、海霞精神是洞头人民海岛精神与文化“三级”的存在与衍伸

从空间维度的视角来看，海霞精神的价值功能又可指向“三级”，即军队、社会和民族。人民军队是捍卫祖国和人民利益的坚强柱石，其为人民服务的宗旨决定了它既是雷锋精神的可靠家园，又是海霞精神价值得以实现、扩展和延续的重要载体；中华民族的文化底蕴，中国特色的社会主义精神文明建设，为海霞精神价值的实现和提升提供了更为广阔的人文空间。

在海霞精神“三级”的存在与衍伸中，通过持续五十多年的海霞活动，洞头建立了洞头先锋女子民兵连纪念馆，海霞军事主题公园，而以“海霞”名字命名的村居、单位、组织、文化社会团体等更是灿若群星，不断展现时代新风采。既保存了海霞物化与

活化的丰富资料，创造了海霞文化鲜活的经验，营造了海霞文化的浓厚氛围，又形成以海霞传人为链条、以海霞情结的市民社会心理及道德生活为深厚底蕴的海霞文化生态圈。实践证明，"海霞"充满地域文化个性和特色，是推动洞头发展的动力，是造就洞头经济社会勃勃生机的精神支撑。从海霞精神到海霞文化，是在党领导下的洞头人民革命传统精神的凝集，是洞头群众核心价值体系的升华和结晶，是社会主义核心价值观在洞头的本土化和具体化。可以说，海霞精神充分体现了我们共产党人道德修养的根本要求，体现了社会主义的时代精神，已成为洞头海岛人民和中华民族亿万人民不可缺少的精神资源。

四、海霞精神是洞头海岛人民新时代精神与文化的一脉相承

文化是柔中带刚的，它如绵绵流水哺育着一方乡土，看似柔弱的外表下蕴含着摧枯拉朽的宏大力量。将海霞精神融入全民创业创新之中，以海霞文化建设的正能量，不断激励着海岛人民解放思想，形成了许多推进经济发展、社会进步的洞头海岛人民新时代精神。

"五岛连桥精神"即是如此。"五岛连桥精神"是海霞精神在洞头这一特殊地域、特殊时期的一个重要体现。

五岛连桥工程是洞头县在新世纪建成的一个岛际交通工程，也是半岛工程的重要组成部分。它改写了洞头以海为家、仅靠舟楫的交通历史，更为加快同城发展，建设海上花园奠定了重要基础。

五岛连桥工程具有其特殊性，可以说是海岛人民共同的期

望，工程中各方力量的积极配合，在现在看来，是有些不可思议的。

据当时工程亲历者吴在思先生介绍，当时，政策处理主要有房屋拆迁和坟墓迁移等内容。老百姓遇到房屋需要拆迁，只能拿到同等宅基地和建筑物估价赔偿。当时一座坟墓的迁移赔偿只有1000元，而新建坟墓要1200元，但老百姓就是支持，自己掏点钱也愿意。

此外，桐岙村还有位60多岁的柯姓老伯也给吴在思留下了深刻印象。这位老伯不仅在施工前就主动把自己的房子拆了，还帮助工作人员一起做宣传、做思想工作。"多想想路通以后的好处。"他经常这样告诉村里人。

当时任沙角村村支书的李方成，我至今还记得，他不仅亲自做自己亲戚的工作，还逐户给村民讲政策，讲工程的好处，沙角段也成了工程建设比较快速的一段。

为加快工程进度，公安局直接把炸药审批单带到指挥部进行现场审批，供电部门总是在工程开工前就安装好了沿线所需的变压器和完成了线路拆检工作，林业、土地和航管等部门也都开设了通道，审批可以说是一路绿灯……工程建设中各部门力量的配合，吴老现在回忆起来，仍然印象深刻，"当时只要是涉及五岛连桥工程的事情，办起来就感觉很顺利"。

"当时的政策处理相对要容易得多，对修桥铺路，老百姓基本上都很支持。"吴在思表示，当时在工程建设中一些被拆迁的群众，现在在路上碰到时，还经常拉他到家中做客。"其实，只要我们党员干部能够秉承为民服务的思想，在帮助群众办事时，能够想他们所想，急他们所急，再把政策宣传到位，相信很多群众都会理解的。"吴在思说，五岛连桥之所以建设的比较顺利，这应该也是重要的因素之一。

可以说，五十五年来，正是将通过弘扬海霞文化与人们日常生活紧密联系起来，在落细、落小、落实上下功夫，使其真正融化在人们的心灵里、体现在具体的行为中，才能为五岛连桥这种看似不可能的梦想化为现实提供强大的精神动力。

总之，在推进现代化的进程中，我们越来越认识到城市精神对提高城市向心力、凝聚力的重要作用。弘扬城市精神已经成为一个城市塑造崭新的城市形象、提升城市竞争力的重要举措。"海霞"是洞头昨天的历史背影，今天的城市品牌，明天的发展动力。

第三章　海霞精神的形成与发展

洞头区，位于温州市瓯江口外，素有“浙南门户、三江(瓯江、飞云江、鳌江)屏障之称”，历来为兵家必争之地。它由168个岛屿和259座岛礁组成，海上距国际航道约30海里，大小门和状元岙港是温州港两大核心港区，状元岙港距台湾基隆港约138海里，距钓鱼岛仅有175海里，战略地位十分重要。20世纪50年代，英勇的人民解放军在岛上群众的配合下，在洞头列岛进行了四出五进的拉锯战，前后经历了两年零三个月，最终在1952年1月解放洞头全境。

新中国成立后，国民党当局对东南沿海进行了多年骚扰。洞头人民为保卫和平与幸福的生活，在党的领导下，组织民兵队伍，保卫巩固海防。就是在这样的背景下，诞生了汪月霞、陈玉兰等人为代表的洞头先锋女子民兵连。她们开展农渔业生产，学习文化，苦练杀敌本领，日夜坚守海防线，谱写了一曲“军民联防”“拥军爱民”“保卫海防”的动人乐章，唱出了一首“中华儿女多奇志，不爱红装爱武装”的“海霞”红歌，铸就了“爱岛尚武，励志奉献”的海霞精神。

海霞精神是根据电影《海霞》中女主人公“海霞”的名字而来，以汪月霞为代表的洞头先锋女子民兵连半个多世纪英勇奋斗的精神为基本内涵，在社会主义建设的实践中不断丰富和发展的革命奉献精神。海霞精神的内容早在1960年成立北沙女子民兵连（洞头先锋女子民兵连前身）时就已经开始孕育，但并未形成完整独立的精神体系；1990年7月建连30周年，南京军区政委傅奎清题词“发扬洞头先锋女子民兵连革命精神，继续在海防事业中谱写新的篇章”，此时虽然没有正式的命名，但“先锋女子民兵连革命精神”已经作为一个独立的精神概念被单独提出；2000年4月建连40周年，中央军委副主席、国防部部长迟浩田接见了首任连长汪月霞，充分肯定了女子民兵连40年来所取得的建设成就，并强调指出：“要把女子连的旗帜举下去，把‘海霞’精神传下去。”至此，海霞精神以官方概念正式提出，并快速地传播、推广和发展开来；2010年6月建连50周年，时任国家副主席、中央军委副主席习近平同志发去了贺信，指出：“50年来，民兵连始终坚持无私奉献精神，发扬爱国主义、集体主义和革命英雄主义精神，在保家卫国、建设海岛、救灾抢险等方面做出了积极贡献，涌现出许多感人事迹和先进人物。希望你们在新的历史时期，大力弘扬‘海霞精神’，更好地适应时代新要求，努力展现巾帼新风采，继续为发展地方经济、维护和谐稳定、服务国防建设等做出新的贡献。”海霞精神经过五十年的风风雨雨，终于完成了从“内容”到“名称”再到“地位”的跳跃，成为社会主义精神文明建设和民族精神的一部分，成为指引全国人民奋发进取的一个道德新指标。

第一节 海霞精神产生的原因

一、海霞精神产生的社会背景

我国是一个海岸线绵长的国家，海防是国家的门户，自鸦片战争以来，帝国主义对我国的侵略，每一次都是从海上来。1949年中华人民共和国成立，1955年沿海岛屿基本解放，国民党及其军队被赶出大陆，退守台湾及沿海岛屿，企图以台湾为基地，以沿海岛屿为前哨进行骚扰，伺机反攻大陆。台湾当局对我国东南沿海进行了长达14年的骚扰。据记载，从1949—1963年这14年时间里，国民党用飞机投放炸弹、派遣特务潜入沿海岛屿从事破坏的活动多达上百次。大陆解放后，东南沿海依然存在来自台湾的军事威胁。

——1949年7月14日，温州市区解放不足70天，国民党的飞机炸沉我民船“东南号”；8月27日至10月2日，敌机数次轰炸温州市区，炸死居民24人，炸伤61人。

——1949年11月19日，我二十一军六十三师部分战士乘船到温岭江厦附近，遭敌机轰炸，死亡300多人，酿成悲惨的“江夏事件”。

——1950年2月16日在温州瓯江截获敌船一艘。3月1日我军击退前来袭击玉环的敌军。3月20日在瑞安抓获小股敌军。10月2日在乐清围歼登陆特务。11月8日在平阳霞关军民击退进犯海匪。11月21日再次击退入侵玉环的海匪。

——1953年11月28日，洞头港我防海大队船艇遭敌机轰炸，死亡10人，炸伤18人。

——1954 年 6 月，台湾空投在永嘉山区的 4 名武装特务被抓获。

——1955 年 7 月 9 日，公安机关抓获潜入温州的国民党“括苍山行动队”数名特务。

——1958 年 9 月 24 日，国民党空军 24 架 F86 战斗机袭扰温州上空，并且首次使用美国提供的空对空导弹。

——1962 年 9 月 9 日，我空军在温州上空击落台湾美制 U-27 战斗机一架。

——1963 年 6 月 27 日，台湾武装特务 11 人在平阳大渔湾落网。7 月，12 名台湾武装特务在永嘉被歼。

就是在这样严峻的形势下，我国致力于加强海防建设。毛泽东总结经验说，过去我国有海无防，受人欺负。因此想要不受人欺负，有效地抵御国内外反动势力的侵扰，就必须加强海上常备军事力量建设，发动全民，巩固海防，保卫边疆。他还强调说，海防建设要军民结合，平战结合，将常备武装力量和人民武装力量结合起来。我国海域辽阔，海岸线深长，岛屿众多，只有建立强大的海军和海防民兵预备役部队相结合的武装力量，才能有效地保卫国家海疆的安全。

正是在这样的时代背景下，洞头的军民热烈响应号召，1955 年 11 月，洞头岛基干民兵团成立，北沙乡也迅速组建起一个民兵连，其中由洞桥村一些女青年组成的女子民兵排，汪月霞担任排长。她们为部队打扫卫生，洗衣送饭，参加国防施工建设。

1958 年，美国当局不顾世界人民和中国人民的坚决反对，在派兵侵占黎巴嫩和约旦之后，又在中国台湾海峡制造紧张局势，对中国进行军事挑衅和战争威胁。美国政府公然扬言，美国海军要随时准备像在黎巴嫩那样在中国大陆登陆。9 月初，美国从本土和地中海调遣大批军舰、飞机，加强了在台湾地区的美国海军第七舰队力量，并不间断地出动军舰、飞机为国民党军队的运输舰护航，一再侵犯中国的领海、领空。在美国支持下，台湾国民党当局叫嚣“反攻大陆”，一面派飞机向云南、贵州、四川、西藏、青海地区散发反动传单，空投特务；一面指使大小金门岛上的国民党军队炮击福建沿海村镇，并派遣大批特务窜入大陆，进行各种破坏活动。这些，都严重地威胁着新中国的安全和社会主义建设的顺利进行。在这种形势下，1958 年 7 月，中央军委召开扩大会议，在 7 月 22 日通过的决议中明确提出：“必须积极积蓄和壮大后备力量，贯彻执行把预备役和民兵合二为一、为实现全民皆兵的方针。”随后，毛泽东发表谈话指出：“我们不但要有强大的正规军，我们还要大办民兵师。这样在帝国主义侵略我国时，就会使他们寸步难行。民兵师的组织很好，应当推广。”

随后民兵热潮在全国迅速铺展开来，到 1958 年底，短短的几个月，全国打出旗号的民兵师就有 5175 个，民兵团 44205 个；民兵人数由原来的 4000 多万发展到 2.2 亿；参加民兵的人数占全国人口总数的 35%，有的地区达到了 40%以上，个别地区甚至超过了 50%。1961 年，经过调整的民兵数量虽然减少了几千万人，但仍有 1 亿多人。1959 年国庆节，毛泽东站在天安门城楼上，看着浩浩荡荡通过广场的首都民兵师方队时，意味深长地对站在身边的赫鲁晓夫说：“我们有 1 亿民兵！”赫鲁晓夫听后，震惊不已。

二、洞头岛的现实条件

洞头地处瓯江口外，有大小岛屿 168 个，是全国 14 个海岛县(区)之一,素称“百岛之县”。县域总面积 $2700.3km^2$,其中海域面积 $2600km^2$。洞头陆上离温州市区约 53km,海上距国际航道约 30 海里,洞头大小门和状元岙港是温州港两大核心港区,状元岙港距台湾基隆港约 138 海里,地理位置十分重要。

海霞精神的产生不是偶然的,它是洞头祖祖辈辈艰苦生活经历和人民多年来与敌对势力斗争的光辉历史沉淀下来历史遗产。从南宋建炎年间就设立兵寨至清朝,洞头列岛和温州沿海各地均保持着密切的军事联络,洞头人民先后经历了抗元、反清、抗击倭寇、抗击日本帝国主义和保卫海岛、保卫边疆的解放战争。这些历史给洞头人们留下了丰富而又珍贵的海防战斗经验和反压迫反剥削的抗争精神。可以说洞头的革命历史就是从反压迫反剥削开始的。

新中国成立前,洞头的岁月不堪回首:衣衫褴褛,食不果腹。“东海水,水连天,人民生活苦黄连,脚踏船板三分命,十家九户断炊烟……”这是新中国成立前流行在洞头岛上的一首民谣。这里的人世代以打鱼为生。渔民都是靠天吃饭,向海讨粮,有的年份天气恶劣无法下海捕鱼;有的年份鱼苗繁殖不好或者鱼价不高,渔民的生活都是饥一顿饱一顿的。加上海霸占据一方,欺压百姓,当地有正 84 和负 84 之分:群众借粮时,84 斤变为 100 斤,向群众买鱼时,100 斤就变成了 84 斤。“海霞”汪月霞的父亲“八十四”的怪名字,就是因为他从小就以 100 斤番薯丝的身价卖给渔行当渔工而来,这样的身价还被克扣成 84 斤。当时,许多渔民连番薯也吃不上,只能以米糠野菜为主食。哪里有压迫哪里就有反抗。海霸的长期欺压给予了海岛人民反抗的精神,要想获得平静安定的生活,就必须联合起来斗争和反抗。有剥削就有反抗的革命道理在洞头人民心中更加坚定了。

洞头是东海上的“百岛县”，百姓以打鱼为生。渔民生活张扬了阳刚，也压抑了阴柔，汪月霞 14 岁就出嫁做童养媳。当地的不少妇女裹脚，男人们更是主张“女人上船船要翻，女人撒网网要破”，这里自古以来女人从来没有上过船出过海，都是男人出海捕鱼，女人留守岛上。

解放战争期间，国民党需要大量的人力来维持战争，经常四处抓壮丁充军，岛上 20—50 岁的男丁都要参加国军。也常有穷困的渔家子弟，为了一口饭吃，走投无路，自愿加入“国军”的行列。从 1948—1951 年，一个又一个村子的青壮年，被圈上姓名，套上制服，背上枪支，走上了骨肉分离的不归路。洞头数次海战：北麂南麂海战、一江山岛之战、大陈岛之战，都有洞头的渔家子弟成为国民党的炮灰，成为枪口之下的冤魂。而那些留守的女人艰难地活了下来，成了“活寡妇”，一生没男人，出门不敢抬头，一个个村成了“寡妇”村。也有一些人侥幸的成了解放军的俘虏而活了下来，告别罪恶的生活回到亲人的怀抱。那些被国民党掳到台湾的渔家子弟，在之后长达半个世纪的岁月里与亲人海峡相隔，骨肉分离。他们的亲人也因为不光彩的海外关系，而长期的背黑锅。渔家子弟凄惨的命运如海水般苦涩，寡妇们的生活更是悲凉。所以新中国成立初期，当地常住居民中女人居多，为女民兵的人员构成奠定了基础。

新中国成立后，蒋介石退守台湾，任命胡宗南为驻守大陈岛的“浙江反共救国军”兼“大陈岛防卫区”总指挥。胡宗南到了大陈岛后把目光瞄准了洞头岛，敌我双方围绕着洞头岛展开了数次拉锯战，我进敌退，我撤敌进。经过五次的艰苦奋战，最终在 1952 年 1 月击败敌军，生擒了胡宗南的爪牙王祥林，解放了洞头岛。

经过数次战争解放洞头后，当地老百姓更加懂得和平的珍贵，他们怀着“不吃二遍苦”的满腔热情支援海防建设。由于男人常年出海讨生计，保卫家乡的担子就落在了女人们身上，女子民兵连就是在这种特殊的情况下诞生的。“谁说女子不如男”，“妇女能顶半边那天”的言说在这里得到了证实。她们挖战壕、建掩体、筑碉堡、学游泳、练射击，和驻岛官兵一起保卫着祖国的海岛，守护着自己的家园。海霞精神与古代的“妇好请缨”、“花木兰从军”是一脉相承的，她们是妇好、花木兰的传承版和现实版。女子民兵连的成立也是对当地过去歧视女子的一种反抗，是女权斗争的胜利。

三、历史文化基础——保家卫国的爱国主义精神

社会存在决定社会意识，社会意识反作用于社会存在是马克思历史唯物主义的核心观点。马克思曾经用过一个形象生动却寓意深刻的比喻，来突出强调社会意识的历史继承性。他说：“一切已死的先辈们的传统，像梦魇一样纠缠着活着的人的头脑。”社会意识存在于头脑中，人们总是一代一代地往下传，精神的传承正是这样的。过去人们形成的思想、观念、意志以及他们的情感、习俗，通过代代相传的形式继承下来。海霞精神的孕育和产生，便深深地根植于这种历史文化的传承中。

中华爱国主义精神源远流长，积淀着中华民族最深层的精神追求，代表着中华民族独特的精神标识，为中华民族生生不息、发展壮大提供了丰厚滋养。中华传统美德是中华文化的精髓，蕴含着丰富的思想道德资源。在我们华夏儿女的信念中，“国”与“家”是密不可分的。爱国犹如爱家，爱国胜于爱家，“以天下为己任”“保家卫国”的这种传统感情、传统信念，已经融化

在炎黄子孙的血液里。正如歌曲《国家》中所唱的“一玉口中国，一瓦顶成家，家是最小国，国是千万家。”家国两依，不可分离，“国兴则家昌，国破则家亡。国强民才富，民富国安定”这是中华儿女从小就熟知的道理。当兵保家卫国，是每一个中华儿女的义务，更是一种责任。洞头女子民兵连所展现的海霞精神集中体现了保家卫国、敬业奉献、艰苦奋斗的民族精神。

爱国主义就是爱故土、爱人民、爱国家的统一和情感、思想、行动的统一，是中华民族千百年来凝聚成的对祖国和民族最深厚的感情，是中华民族精神的核心内容。中华民族历来就有抵御外侮、保家卫国的优良传统。在五千多年发展史中，特别值得我们引以为傲的思想珍品，就是中国人民所表现出来的伟大的凝聚力和向心力，即世代相传、延绵不绝的对祖国的热爱。从岳飞的“精忠报国”，到范仲淹的“先天下之忧而忧，后天下之乐而乐”；从辛弃疾的“马革裹尸当自誓，男儿到死心如铁”，到顾炎武的“天下兴亡，匹夫有责”……这种从数千年的历史演变中形成的爱国主义传统，是我们民族遗产中的无价之宝。尤其是在中国近代，在近百年的民族独立和解放、维护国家主权的斗争中，爱国主义已然成为民族精神的核心。强烈的爱国主义精神像一条奔腾不息的历史长河，滋润着一代又一代中华儿女的心田，激励着人们为民族的生存、国家的兴旺发达而前赴后继、奋斗不息。

自鸦片战争以来，中华民族从来没有停止过争取民族独立和人民解放、实现国家富强和人民富裕的美好追求，没有停止过反帝反封建的民族战争。第一次鸦片战争中，汉、满、蒙等各族将士为着中华民族的根本利益，相互支援，并肩作战。1841 年 1 月初，英军发动突然袭击，攻占大角、沙角炮台，土家族将领陈连升、陈举鹏父子及土家族、苗族守台官兵600多人全部壮烈牺牲。在保卫台湾的战斗中，不畏强暴的台湾各族人民在外援尽失的艰苦条件下，先后战斗100多次，抗击日本三个近代化师团和一支海军舰队，打死打伤日军32000多人，直至因弹尽粮绝而失败。台湾各族人民为保卫祖国神圣领土，写下了可歌可泣的一页。辛亥革命的志士们更是为了国家民族的未来抛头颅、洒热血，置生死安危于不顾，置功名利禄于度外，他们为振兴中华而矢志不渝、顽强奋斗的爱国情怀，“以浩气赴事功，置死生于度外”的献身精神是今天仍然值得珍视的精神遗产。

爱国主义是中华民族的优良传统，自古以来就是推动中国社会历史前进的巨大精神力量。为振兴中华而矢志不渝、顽强奋斗的爱国情怀处处皆是。孙中山先生曾经说自己“爱国若命”，“生平以爱国为前提”。鲁迅写过“寄意寒星荃不察，我以我血荐轩辕”的诗句，吴玉章写过“为求富国强兵策，强忍抛妻别子情”的诗句，一代代先烈为了挽救民族的危亡、求取国家的富强，宁肯放弃舒适的生活、离开温暖的家庭、抛却个人的幸福，而选择一条困苦艰险、荆棘丛生的革命之路，甚至不惜献出青春和生命。对祖国前途和命运魂牵梦绕的关注，对中华民族整体利益执着不屈的追求，使他们汇聚在一起，形成一支向阻碍中国社会前进的独裁政权宣战的战斗队伍。

从南宋建炎年间至清代，政府就在洞头设立有兵寨并与温州沿海保有密切的军事联系。在此期间，洞头人民先后经历了抗元、反清、抗击倭寇、抗击日本帝国主义和保卫海岛战争和保卫边疆的海岛战争，这些艰苦的斗争使洞头人们产生了保岛卫国的爱国主义情怀和反对侵略的民族精神。以汪月霞为代表的洞头女子民兵连正是这一爱国情怀和民族精神的追随者和践行者，她们默默无闻地、十年如一日地守卫着祖国的海疆，建设海岛家园。以对党、对祖国的忠诚，对武装对家乡的热爱，用心血和汗水凝聚了“爱岛尚武，励志奉献”的海霞精神，传承着保家卫国的民族文化。洞头先锋女子民兵连最基本的使命就是保家卫国，一代代“海霞”人正是在以爱国主义为核心的民族精神的指引下，践行着无私奉献、不畏艰险等品质和民族精神，投身于社会主义建设和海岛家园建设事业中。

第二节 海霞精神的发展历程

一、北沙女子民兵连的成立

中华人民共和国成立之后，国民党蒋介石及其军队败退台湾，企图长期占据沿海岛屿，作为反攻大陆的跳板和基地。经过海南岛之战、舟山之战、大陈之战、洞头之战、万山之战、一江山之战等一系列激烈的战斗，1955 年沿海岛屿终于基本解放。后来毛泽东总结经验说：“过去我国有海无防，受人欺负。因此想要不受人欺负，有效地抵御国内外反动势力的侵扰，就必须加强海上常备军事力量建设，发动全民，巩固海防，保卫边疆。”他还强调说，海防建设要军民结合，平战结合，将常备武装力量和人民武装力量结合起来。我国海域辽阔，海岸线深长，岛屿众多，只有建立强大的海军和海防民兵预备役部队相结合的武装力量，才能有效地保卫国家海疆的安全。在这样的背景下，位于海防前线的洞头县北沙乡在人武部和守岛部队的发动组织下，迅速组建起一支民兵队伍，洞桥村设立一个排，其中就有一些女兵，17 岁的汪月霞就是其中一员。

汪月霞1937年生于洞头鸽尾礁一个贫苦的渔民家庭，父亲靠给渔船当雇工的微薄收入养活一家5口。一次她父亲出海时被国民党兵毒打，伤痛引起中风，卧床两年后去世。家庭失去主要劳动力，生计无着，母亲把年方14岁的汪月霞嫁到桐桥村当童养媳。苦水里泡大的她，有着非凡的坚毅和刚强。1952年，解放洞头的战役打响，战斗中，海岛姑娘们自觉地为解放军当起了“后勤兵”，送水做饭、抢运伤员，16岁的汪月霞就是其中一员。这次战役中，女子民兵连的雏形悄然形成。

毛泽东发表谈话指出，我们不但要有强大的正规军，我们还要大办民兵师。这样在帝国主义侵略我国时，就会使他们寸步难行。他还说：“民兵师的组织很好，应当推广。”全国迅速掀起“大办民兵师”的到热潮。在此号召下，洞头成立了民兵团，民兵总数达9313人，编为7个营，20个连，147个排。汪月霞原来所在的民兵排扩编，并建立了一个女子民兵排，这就是“北沙女子民兵排”，汪月霞被推荐为排长。此时她们更多担负的是为驻连军队后勤服务的工作：为战士们洗衣送饭、打扫营房，帮连队种地养猪，参与巡逻放哨和国防施工。自民兵组织成立后，军民便成了一家人，以“连心、连训、联防、联文”为中心的军民联防工作蓬勃开展起来。北沙女子民兵排支援着部队的国防建设。到1967年，岛上新建169条坑道，续建11条坑道，长达24km，埋设战备电缆12km，每天有1330个民兵协助部队完成这些施工任务，民兵们的奉献都是无偿的。

50年代末，人民公社化运动在全国火热地开展着，洞头女子民兵排也投身其中，她们不仅抓军事，抓训练，也抓生产。中共洞头工委给女民兵排一个任务：带领妇女全面搞好渔业和农业生产。汪月霞接到任务后马上召集会议安排生产，但却受到当地村里迷信思想的阻挠，岛上渔民的传统是女人不能上船，洞头世世代代的渔船上，从来没有女人的份。“女人下海是要翻船的”这一传言迅速在村里传播开来，尤其是要下海的女民兵的家里，家人都受到这样的劝告或警示。为了打破吓人的鬼话和谣言，汪月霞带领女兵们砸毁了村里的龙王塑像、纸马、纸牛等迷信信物，召开动员大会给乡亲们做思想工作。女人们终于下海了，她们和男人一样，日夜在海上劳作，谁也不觉得累。“海带十枝花”“红旗十姐妹”就是在此过程中出现的生产能手，她们在海上奋斗了 6 年，直到 1964 年队伍才奉命解散。女子民兵排实行劳武结合，上山下海是生产能手，挥棒打枪是军事高手。她们的事迹很快在温州各地传播开来。

1960 年 1 月召开的全国民兵工作会提出民兵作为国家“全民防御网”中的一个重要组成部分，至此民兵的地位得到了提高，几乎与正规军并驾齐驱。同年 4 月，汪月霞作为海岛基层女民兵的代表参加了全国民兵代表大会，不但在会上发言，讲了洞头民兵，讲了洞头的军民联防……还成了被毛主席亲自接见的 16 民兵代表之一，接受了毛主席赠送的第一批国产“五六”式半自动步枪和子弹。与毛主席合照时，主席笑着对汪月霞说：“我到你们那当个民兵要不要哇。”汪月霞激动得不知道该怎么回答，只是一个劲儿地鼓掌。这次会议对北沙女子民兵排的扩建具有转折性促进作用，她们的事迹受到世人的瞩目。代表大会结束后，汪月霞到南京军区汇报了关于建立女子连的想法，军区首长许世友十分赞同她的想法，鼓励说：“我们都听到了你在人民大会堂的报告，你讲了洞头人民盼望解放，洞头民兵和部队一起保卫海疆，这些事迹我听了很受启发，想把民兵排扩大成民兵连，这个想法很好，等你把民兵连建起来，我就到洞头去看望大家。”许将军的一席话给了汪月霞温暖和力量。

回到洞头后，在驻岛部队和当地政府的支持下，在原来女子民兵排的基础上，扩充了一些思想进步、组织过硬的生产能手，包括东沙的“红旗十姐妹”、公社养殖队的“海带十枝花”、洞桥的“三八东风生产队”的姑娘们，总共 120 名海岛姑娘，组成了 4 个排，12 个班。在洞头工委的支持下，1960 年 6 月 5 日，“北沙女子民兵连”正式成立，这就是洞头先锋女子民兵连的前身，汪月霞担任连长，陈玉兰为指导员。

“向左转，齐步走！”女子民兵连拉到山头，进行第一场真枪实弹的射击训练。清脆的枪声，在寂静而空旷的山谷中鸣响。

这是一支特殊的连队。特殊在她们的衣衫有红衣、也有蓝衣，有新衣、也有旧衣；特殊在她们有的已经当了母亲，有的还是黄花闺女；特殊在他们在中国沿海最偏僻的小岛上，从事着最神圣的“保家卫国”的使命。这 120 名女民兵，是新中国第一代女民兵，她们心中的神圣和崇高，是难以用语言来描述的。

二、革命事迹广为传播

1960—1965 年，是女子民兵连发展的黄金时期。1960 年 10 月，国防部为北沙女子民兵连一排荣记集体二等功，授予她们“把海岛建设成为战时攻不破摧不毁的海上堡垒，平时成为丰衣足食的社会主义乐园”的奖旗；1962 年 4 月，国防部副部长谭政大将到洞头视察，看望了女子连的干部战士。1963 年 6 月，汪月霞出席南京军区“五好”表彰大会，受到许世友将军的亲切接见。1965 年 12 月，国防部在杭州隆重举行命名庆功大会，授予驻岛部队某部六连“军民联防模范连”的光荣称号，许世友将军亲自为六连颁奖。同时，浙江省人民委员会、浙江省军区为该连记集体一等功。《人民日报》《解放军日报》《浙江日报》等全国几十家媒体发表了社论、短评和长篇通讯，向全国、全军介绍了六连与女子民兵连开展军民联防的感人事迹。一时间，北沙女子民兵连扬名海内外，她们用自己的青春和热血为连队增添了无数的荣誉，同时也创下了属于自己的辉煌。

那时候女民兵又是参加生产，又是进行训练，又是国防施工，又是文艺演出，又是政治学习，又是夜校扫盲，她们过着忙碌而充实的生活。饥饿难不倒她们，乡村里的世俗偏见没有捆住她们的手脚，任何艰难险阻，她们都坚定不移地跨了过去。在女子民兵连的历史上，先后有 6 人被省级以上军区评为"神枪手"，69 人被评为"特级射手"。

1966 年中共中央"五一六通知"发布后，"文化大革命"在全国展开了，洞头也被卷入其中，各色造反派组织纷纷成立。汪月霞被认为是最有军事价值的人物，一时被卷入政治旋涡成为众矢之的，他们专门成立了"汪月霞事迹调查组""揪汪小组"等造反组织，指明要打倒汪月霞，虽然到南京得到许世友将军的庇护，但最终也未能幸免。她被污蔑为"欺世盗名"的伪英雄，被剪去头发、挂上牌，游街示众。在此过程中女子民兵连也受到牵连，造反组织称汪月霞是大妖精，女子民兵连的人是小妖精，并成立了一个"捉妖战斗队"。对此，女子民兵连的民兵始终团结一心，坚持不动摇。大家心中有一个口号："不参加任何一个派别，紧跟驻军六连，六连怎么走，女子民兵连就怎么走。"她们拼死也要保护着女子民兵连这面红旗。

1971 年林彪事件后，全国上下暂时平静了，汪月霞和女子民兵连的命运终于有了转机，她们迎来了期盼已久的曙光。汪月霞被省人大列为全国人大代表候选人，出席了第四届全国人大一次会议，并被选为主席团成员，聆听了周恩来总理带病做的《政府工作报告》。1973 年，汪月霞被任命为中共洞头县委副书记，兼任女子民兵连连长，一直到 1982 年 5 月。

洞头女子民兵连之所以广为人知，与长篇小说《海岛女民兵》也是分不开的。小说作者黎汝清是位文艺兵，曾于 1964—1965 年期间两次来到洞头，与女子民兵连一起体验生活并与她们结下深厚的友谊。她以洞头女子民兵连的事迹为原型，以有浓郁海岛风情的民间故事、悠扬清脆的渔歌、女民兵踊跃支前的英勇事迹为素材，写下了这部当时风靡大江南北的作品。《海岛女民兵》讲述渔家女儿海霞在党的教育和指引下带领同心岛女民兵同渔霸、海匪等反动势力做斗争并取得了最终胜利的故事，是我国第一部反映海岛女民兵的小说，可谓是当时中国军事文学的扛鼎之作。小说出版后，在全国上下掀起了“女民兵热”，汪月霞几乎每天都收到来自全国各地的信，或由人民文学出版社、电台、话剧团等单位转寄来的信，有的甚至直接要求到洞头当女民兵。《海岛女民兵》随即被改编成连环画、评书、话剧等，一时有“南京到北京，海岛女民兵”的流行说法，这进一步扩大了女子民兵连的影响。1972 年再版，而后又被译成英文版、德文版、日文版和叙利亚文版。

根据小说改编而成的电影《海霞》的命运却与小说大相径庭:《海岛女民兵》一经发表便好评如潮，被各大电台全文广播；电影却一波三折，拍摄及公映遭到了“四人帮”的扼杀，成为其篡夺权利、打击异己的工具，卷入了政治斗争的旋涡，其中牵涉到许多党中央高层国家领导人，几经周折才得以上映。中共党史研究室出版发行的《中国共产党历史》第二卷，在第 936 页记载了《海霞》等电影被“四人帮”扼杀和毛泽东、邓小平等为其开禁的曲折历史。电影《海霞》上映后迅速走红并获得一致好评，女子民兵连的革命事迹蜚声全国。随着电影的走红，一首叫《渔家姑娘在海边》的电影插曲也在大江南北唱红。歌中唱到：

大海边哎，沙滩上哎，风吹榕树沙沙响，渔家姑娘在海边哎，织呀织渔网，织呀么织鱼网。哎，渔家姑娘在海边，织呀织渔网。

高山下哎，悬崖边哎，风卷大浪波浪，渔家姑娘在海边哎，练呀练刀枪，练呀练刀枪，哎，渔家姑娘在海边，练呀么练刀枪，哎！

《海霞》电影开头的片段：一只小木盆缓缓地向大海漂去，一位渔民不停地叹气，他的妻子抹着眼泪……听到海边有婴儿的啼哭声传出，路过的刘大伯赶忙跑过去，救起小木盆里的女婴。此时，天边露出朝霞，于是，刘大伯给女孩取名“海霞”。电影女主人公原型就是汪月霞，名字里也有一个“霞”字，在海边土生土长的渔家姑娘。

三、先锋女子民兵连续写辉煌

1975 年 3 月，遵照中央军委的指示，南京军区下达调防命令：温州军分区机关团队、洞头人武部调驻苏北。江苏省军区独立第一师师部率所属步兵第七团和盐城军分区守备第一团调往温州接替防务。与女子民兵连携手并肩战斗了近 20 年的“军民联防模范连”——六连调防离岛。自 1960 年进入北沙联防区后，六连与女子开展了“连心、连训、联防、联文”等五联活动，两支队伍相互学习，相互帮助，共同进步，早以建立了深厚的鱼水之情。可以说,没有六连就没有女子民兵连,没有女子民兵连就没有六连"模范连"这一光荣称号。六连要调离的消息传出,连队的女民兵就像失去亲人一样悲痛、惋惜,好多人都掉眼泪了,她们给六连的战士送去鸡蛋、鱼干,还有她们自己织的毛衣、自己做的布鞋。战士们则给她们留下了《毛泽东选集》《钢铁是怎样炼成的》《欧阳海之歌》《雷锋的故事》等书籍。移防的那一天,女子民兵连与当地的群众约300多人前去欢送。乡亲们还拿出储藏多时的鞭炮放起来,敲锣打鼓地把战士们送上卡车,相互间都握手再握手,挥手再挥手,目送着车子渐渐远去……

六连走了,但女子民兵连这面红旗并没有倒下。在上级党委的领导下,在广大干部群众的支持下,女子民兵连与接替防务的八三二四五部队的五连携手合作,高举这面战旗继续前进。

1977年,女子民兵连被温州地委、温州军分区评为"民兵工作三落实"先进单位,同时被授予"海上磐石、坚不可摧"的锦旗;同年5月,共青团浙江省委授予女子民兵连团支部"向雷锋同志学习,把毛主席开创的无产阶级革命事业进行到底"的锦旗;1978年5月,浙江省军区授予女子民兵连"保持革命传统、发扬顽强战斗精神"的锦旗;同年9月,浙江省革命委员会和浙江省军区授予该连"洞头先锋女子民兵连"荣誉称号。1979年以来,洞头先锋女子民兵连先后被总参、总政评为"全国民兵预备役部队基层工作先进单位";五次被全国妇联、浙江省妇联评为"三八红旗集体";八次被南京军区、浙江省军区评为"民兵工作先进单位";被团省委授予"省级青年突击队"称号。这些荣誉既见证了女子民兵连的无限忠诚,也见证了这支光荣连队的光辉历程。

1984年后,女子民兵连几乎每年都要进行整组,一批老队员离队,一批新民兵进连,一代又一代的女民兵高举这面红旗勇往直前。

新世纪海霞精神薪火相传。2000 年 4 月建连 40 周年，中央军委副主席、国防部部长迟浩田接见了首任连长汪月霞，充分肯定了女子民兵连 40 年来所取得的建设成就，并强调指出："要把女子连的旗帜举下去，把'海霞'精神传下去"。至此，海霞精神以官方概念正式提出，并快速地传播、推广和发展开来。

2003 年 5 月 8 日，时任浙江省委书记、省人大常委会主任习近平视察连队，对连队所取得的众多荣誉给予了肯定，高度赞扬了女民兵们"不爱红装爱武装，不恋都市恋海岛"的精神，并鼓励女子民兵连要当好"海霞"传人。2010 年 6 月 8 日，时任中共中央政治局常委、国家副主席习近平在女子民兵连建连 50 周年时又发来贺信：50 年来，女子连始终坚持无私奉献精神，在保家卫国，建设海岛，救灾抢险等方面做出了积极贡献，涌现出了许多感人事迹和先进人物。希望你们在新的历史时期，大力弘扬"海霞精神"，更好地适应时代新要求，努力展现巾帼新风采，继续为发展地方经济、维护和谐稳定、服务国防建设等做出新的贡献。党和国家领导人的关怀，是新一代女民兵传承海霞精神的不竭动力。"让海霞精神代代相传，是我有生之年最大的愿望。"这是毕生奉献海防的女民兵连连长——汪月霞的肺腑之言。在洞头海霞村先锋女子民兵连建连 55 周年之际，浙江省委书记夏宝龙来到女子连队，观看了女民兵们的军事科目表演，参观了连纪念馆，了解新时期"海霞"精神和民兵连的建设情况。夏宝龙对连队建连 55 周年和女民兵们的精彩表演表示祝贺，勉励女民兵们继承光荣传统，发扬优良作风，刻苦训练、努力工作，为建设海岛、巩固海防做出更大贡献。

为加强新形势下海上民兵队伍的建设，继承和发扬海霞精神，洞头县人武部经反复调研论证，并报请上级批准，将女子民兵连纳入了基干民兵队伍。全连编配 85 人，设连部和骨干排、电力排、通信排、医疗救护排等，坚持常编在位。与此同时，还采取了一系列行之有效的措施和办法。如在军地领导的共同支持下，创办了海霞公司，期望通过市场运作、科学经营，彻底解决女民兵生存与发展的问题，从而使连队发展壮大无后顾之忧。

为体现海霞精神的时代价值，连队主动融入当地的精神文明建设，积极开展“文明礼仪伴我行”等活动，做社会新风尚的带头人；成立“海霞国防教育队”“海霞禁毒宣传队”“海霞义务消防队”等多支小分队，传播社会新风尚；与留守儿童结对子，给孤寡老人送温暖，助推社会新风尚。全县有传承海霞精神的“海霞妈妈服务队”“海霞义务消防宣传队”“海霞电力服务队”等，以及体现海霞文化的“海霞中学”“海霞军事主题公园”“海霞公园”“海霞广场”“海霞村”。海霞精神在新形势下正在焕发更为绚丽的光彩。

第三节　海霞精神的阶段特点

1961 年 2 月，毛泽东一首《七绝・为女民兵题照》中称赞女民兵：

飒爽英姿五尺枪，
曙光初照演兵场。
中华儿女多奇志，
不爱红装爱武装。

这首诗描绘了英姿飒爽的女民兵形象，热情地歌颂了我国广大妇女的崭新精神面貌。这首诗虽然不是直接为洞头先锋女子民兵连写的，但却生动、形象、真实地展示了“海霞”们的精神面貌。海霞精神的核心内涵就是“爱岛尚武，励志奉献”。它以“不求名、不求利、甘吃苦、乐奉献”的精神，以无所畏惧、藐视一切困难的意志力，去弘扬中华民族“不屈不挠、自强不息”的本性，将之升华为内涵丰富、适应社会进步发展方向的要旨，激发人们奋进。海霞精神蕴含着鲜活的时代主旋律，反映着当代社会精神文化的最高境界，主要有四个方面：一是热爱祖国、建设家园的时代精神；二是无畏无惧、不断进取的拼搏精神；三是无怨无悔、甘愿付出的奉献精神；四是永不满足、永不歇足的开拓精神。其实，海霞精神在不同的阶段展示着自己不同的特点。

一、军民联防的艰苦奋斗精神(60 年代)

洞头刚解放，就搞起军民联防。那时社会还不是很稳定，国民党扬言要反攻大陆，岛上民众就经常配合部队巡逻放哨，进行施工建设，只要部队有事情，都自告奋勇地去帮忙。

当时的北沙没有公路，不能通汽车，部队的给养、弹药等军需物资全部靠船从海上运入，船只只能停泊在大王殿村的岙口，离部队驻地还有一段山路。每当部队物资的船一到，群众就自发集中起来，成群结队地去帮部队搬运，山路上的人流就像一条龙，谁也不计较担重路远。

部队开始国防施工，洞桥村群众自发地分成两组：一组以男人为主，参加国防施工，开山筑路，挖战壕，修坑道；一组以妇女为主，帮助部队做后勤工作，洗衣送饭，打扫营房。军民关系如鱼水相容。

就是在这种军民和谐氛围的影响下，女子民兵排成立后，以“连心、连训、联防、联文”为中心的军民联防工作迅速蓬勃开展起来，继续发扬着军民联防的艰苦奋斗精神。民兵排一成立，排长汪月霞就带着几个女民兵帮助部队洗衣服、种地、养猪，有时也参加国防建设。一开始，战士们不肯把脏衣服拿出来，他们总是把脏衣服、脏被子藏起来。女民兵们就等部队一出工，争先恐后地跑进营房，把战士们的脏衣服、被子找出来，晾干后又整整齐齐地折好，然后又风风火火地去找别的事情干。女民兵心里总觉得，能为战士做点事，是莫大的光荣，不怕做事情，只怕没事做。

虎头屿送水是女子民兵连前期开展军民联防工作的突出事例。1959 年 5 月上旬，驻军十五连奉命到虎头屿进行国防施工，不料遇上恶劣天气，连续刮了好几天的大风。那时洞头岛解放才 7 年，交通工具落后，航运因大风而中断。连队战士已断水好几天，情况十分危急。汪月霞知道这一消息后非常着急：人民子弟兵国防施工为的是保卫海疆，保卫洞头，不能让他们流了血、流了汗，却连一口水也喝不上。她和排里的女民兵一商量，当即向公社请缨，让女子民兵连送水去！汪月霞带着几个女民兵，把一桶桶淡水装上船，请了一个驾船内行的男民兵帮忙划着小船，女民兵们紧紧扶着水桶，迎着七级风浪，向岛屿驶去。经过与风浪一个多小时的较量之后，小船终于靠近了虎头屿山边的礁石。虎头屿是无人居住的荒岛，山势陡峭，连一条路也没有，人只能在山脊上匍匐而行。山脚下是汹涌的海浪，浪撞击在礁石上，发出“轰轰”的响声。女民兵们小心翼翼地把一桶桶淡水抬下船，沿着山脊，冒着大风，往十五连驻地送去。及时送到孤岛的水，缓解了部队的困难，保证了国防建设的顺利进行。十五连的官兵激动地说，女民兵送来的是水，掏出的是心，是一颗颗拥军爱兵的心！汪月霞和女子民兵们与子弟兵心心相连表现出的勇气和毅力，受到了大家的赞扬。

女子民兵连和驻岛部队实行军民联防，除了连心、联防、联训、联建外，还有联文，即联合组织军民业余文艺演出队，宣传党的方针政策、宣传国防知识和军民联防，以活跃群众和部队的文化生活。演出队自编自演了许多反映洞头海防建设、军民联防的文艺节目，如《军民鱼水情》《军民并肩守洞头》《歌唱女民兵连长汪月霞》《好排长陈献南》《女民兵夸咱六连好》等。六连军民演出队坚持了10多年，多次受到表彰。后来驻军调整，军民演出队再没组建。不过，女子民兵连仍然继承着参加文艺演出的好传统，直到现在，还经常排练节目，参加县里一些重大的文艺演出、旅游节庆、旅交会等活动。她们演出的节目，既有女性的柔美，更有刚毅，格外受欢迎。

二、“爱岛尚武、励志奉献”的爱国主义精神

走进洞头先锋女子民兵连连队，一尊以女民兵为原型的雕像挺拔耸立在连队营房前，英姿飒爽的女民兵和解放军战士并肩而立，手握钢枪，目光坚毅，默默诉说着一部厚重辉煌史，鞭策着一代代连队女民兵“爱岛尚武、励志奉献”。

建队至今，女子连屡建奇功，不仅多次在技能比武上拔得头筹，还先后8次被南京军区、省军区评为“民兵工作先进单位”……连里几任连长、民兵多人获得全国“新长征突击手”“三八红旗手”“双拥工作先进个人”和浙江省“学雷锋先进个人”“三八红旗手”等多项荣誉。

女子民兵连民兵们的枪打得准，那是出了名的。先后有6人被省级以上军区评为“神枪手”，69人被评为“特级射手”。在众多神枪手、特等射手中，数老连长汪月霞的枪法最准。从一个只握过烧火棍的渔家女，到端起钢枪，练瞄准、练射击的神枪手，这当中的艰辛，常人是难以体会的。她以“保卫海岛，就要有真本领”的坚定信念投入训练，先练端枪，要练得不抖不晃；再练瞄准，三点成一线，一趴就是几小时；学实弹射击，手端得酸了，肩震得麻了，眼睛盯得花了，还不懈地坚持，从未想过要放弃。

1960年，汪月霞参加了全国民兵代表大会，受到了毛主席的亲自接见，国防部代表毛主席，给所有与会的代表每人赠送了一支“五六”式半自动步枪，这给了汪月霞更大的鼓舞。回到村里，在女子民兵连成立大会上，她双手捧着这把崭新的步枪，无比激动地对姐妹们说：“这是毛主席送给我们民兵的枪，对我们寄托着信任和希望。我们要紧握钢枪，苦练本领，保卫海防！”从那以后，汪月霞练枪法更加勤奋了。她练了卧姿练站姿，打了固定靶打活动靶，最后练打飞碟，枪响碟碎，弹无虚发。

1965年4月18日上午9时，在为外国元首进行军事课目汇报表演的杭州留下靶场人头攒动，几只红色气球在蓝天白云中冉冉升起。汪月霞手持钢枪走上射击场。“叭叭叭……”一阵清脆的子弹连发声，空中气球化为碎片如天女散花，纷纷扬扬地落下。紧接着的项目是100m胸环靶精度射击。架枪、卧倒、压弹、射击，弹无虚发，10发子弹打出了100环的好成绩。胸环靶的“心脏”被打成了“马蜂窝”。汪月霞弹无虚发，观摩台上顿时响起了阵阵热烈的掌声……那一天，汪月霞一口气汇报表演了固定速射、空中气球、移动速射、精度射、对抗赛等6个项目。当她走下靶场的时候，阿尔巴尼亚国家主席谢胡紧紧握住她的手，审视良久，对众记者说："这是一双普通劳动妇女的手，却是一个不普通的神枪手！"从一个海岛女民兵为外国元首表演，成为指定要观看的民兵军事课目表演。在这荣耀的背后，是汪月霞的付出。她靠着夏天顶烈日，冬天卧冰雪，白天瞄电线，晚上瞄星星的传统练法，熟练掌握重机枪、轻机枪、冲锋枪等多种武器射击技术，练就一身弹无虚发的本领，获得了省军区授予的"神枪手"荣誉称号。她曾带领"洞头先锋女子民兵连"为中外领导人做过230多次军事课目汇报表演。

在连队的时间最长的要数老指导员陈玉兰，女子民兵连成立2个月后便接任了指导员，这一当就是24年，直到1984年5月才离开。民兵们都说："老指导员呀，把连队当成了家。"她是汪月霞最得力的搭档，军民联防，她带领民兵们帮部队搬弹药、运给养、挖坑道、洗军装；民兵连组成后，她翻山越岭，走遍联防村岙，物色优秀年轻的姑娘加入连队；生产劳动，她带领8个女民兵组成"三八东风队"，到荒僻的"七曹岙"垦荒，历经三年艰辛，种植的番薯亩产量达到1000多斤；军事训练上，她更是严格要求自己，带头刻苦训练，摸打滚爬，率先示范，练出了一身好枪法，她能双手挥枪，左右开弓，被姐妹们赞为"双枪老太婆"。

不单是汪月霞和陈玉兰苦练本领、无私奉献，洞头处处有女民兵海防建设和苦练本领的模范典型。她们与驻岛官兵一起建设着祖国的海岛，保卫着自己的家园。

1962年春，台湾当局开始了新一轮的战争动员和军事部署——专门成立了以蒋介石和他的亲信陈诚为首的"反攻行动委员会"。4月30日，设在台湾北投的国民党政工干校也开设了"战地政务班"，培养潜入大陆沿海后建立伪政权的党政干部，并购置了大批渔轮、机帆船、橡皮舟、舢舨,作为偷渡登陆工具。与此同时,台湾当局还大量购买了新式武器,与美国一起组织以进犯大陆沿海地区为目标的各种军事演习。

面对“反攻大陆”的叫嚣,1962 年 5 月,中央军委向全国发出紧急备战通知。通知指出:“要对各部队进行备战教育,各有关军区要讨论研究作战方针和战备措施。”她们的训练更加刻苦了。6 月 11 日清晨,从中央人民广播电台的广播中,听到党中央、中央军委的备战动员令,女子民兵连的几个战士,一大早便跑到连部,向汪月霞、陈玉兰请战。女子连两位带头人也和战士们一样激动,陈玉兰拿来一张纸,咬破无名指,蘸着血迹,写下了“提高警惕,保卫祖国——陈玉兰”11 个字。汪月霞也咬破手指,写下“我们要做神枪手”7 个大字。艰苦的训练开始了,部队派专人对女子民兵连战士进行指导。她们趴在战壕沟沿,一趴就是两三小时,全神贯注,目不旁视。战士们的手指、手臂、肩膀被枪膛震的都肿了,肘部被地上的沙子磨出一片血。牙根被反弹力震出血来,吃饭都不能咀嚼,连笑都得捂着嘴,好久也合不拢来。18 个昼夜,汪月霞带领女民兵们没有离开阵地,与部队一道挖战壕 4500m,修建掩体 51 个,女民兵们手磨破皮,眼睛熬得通红,双脚肿得不能站立,仍咬着牙关坚持。在当年的一场剿匪战斗中,她们配合部队捕获土匪 45 名,击毙土匪 10 名,查获特务 12 名……

就是在这样长期艰苦的训练下,女民兵们个个成了“神枪手”。正是凭着这股“不爱红装爱武装”的气概,女子民兵连践行着“爱岛尚武,励志奉献”爱国主义的精神,成为海岛前哨一面鲜红的旗帜。

三、薪火相传、与时俱进的时代精神

广大洞头人民正是依靠海霞精神，艰苦创业，才取得了现在的成绩。现在，为实现建设“海上花园”的奋斗目标，时代赋予了海霞精神新的使命。“先锋连的旗帜迎风飘扬/新一代民兵英姿飒爽/我们接过老一辈的枪/建岛守岛铸就铜墙……”这是洞头海霞女子民兵连的连歌。在新时期的和平年代，女子民兵连如何继续发挥作用，与时俱进，成为洞头政府关心的头等大事。经过一番思索，领导们很快将“立足平战结合，融入地方发展”做为新时代女子民兵连的发展理念。

随着“海霞”载入《中国共产党历史》第二卷，海霞已成为洞头的骄傲，城市的精神品牌。新时代下，只有把将海霞精神的继承发扬和洞头发展紧密联系在一起，才能迸发出无尽的活力，永葆青春。海霞精神的最可贵之处在于：“不求名、不为利、干吃苦、乐奉献”，以无所畏惧，藐视一切困难的意志力，去弘扬中华民族“不屈不挠、自强不息”的本性，将之升华为内涵丰富，适应社会进步发展方向的要旨，激发人们奋进。海霞精神蕴含着鲜活的时代主旋律，反映着当代社会精神文化的最高境界。在经济全球化、文化多元化的时代背景下，紧跟时代步伐，挖掘其与时俱进的现实意义，使“爱岛尚武，励志奉献”的海霞精神薪火相传，与时俱进，成为洞头城市发展的红色财富。给海霞精神注入时代内涵，让传统之树开出新花，这样海霞精神才会永不过时。

近年来，洞头区坚持军用民用兼容、平时战时一体、应急应战联动、市场战场双赢，注重在练兵中用兵，在用兵中强兵，较好地实现了经济效益、社会效益和军事效益的“三提高”。一是发挥驻岛部队和民兵的“尖兵”作用。积极组织驻岛部队和广大民兵支援海岛建设，充分发挥他们“组织严密、纪律性好、突击力强”的优势，引导动员他们参与抗台抢险、山林防火、事故救援、突发事件等急难险重任务，近年来，先后出动驻岛部队、民兵1500余人次，车辆229台次，抢救群众121人。二是发挥驻岛部队和民兵的“卫兵”作用。组建民兵护村队、联防队，积极参与维护社会治安，长年配合公安干警开展治安巡逻，有力打击了各类违法犯罪活动。特别是在国庆60周年、奥运安保、世博安保、亚运安保等敏感时期，由驻岛部队、公安干警和女子民兵连等人员组成的治安联防巡逻队，上车站、巡码头、查海滩，积极参与平安创建，维护了全区的平安稳定。三是发挥驻岛部队和民兵的“勤务兵”作用。引导驻岛部队、民兵积极参与海岛新渔村建设，组织发动他们广泛开展军训、扶贫帮困、植树造林和国家卫生县城创建等活动。近年来，驻岛部队与民兵为中小学校、企事业单位军训15700余人，参加无偿献血2100余人次，5000余人次参加绿化造林1200余亩，植树20000余株。

为实现自身价值，连队主动融入驻地的精神文明建设，积极开展“文明礼仪伴我行”“勤俭节约从我做起”等活动，做社会新风尚的带头人；成立“海霞国防教育队”“海霞禁毒宣传队”等多支小分队，宣传社会新动态；与留守儿童结对子，给孤寡老人送温暖，推助社会和谐。在潜移默化中，女子民兵连将热爱国防、和谐诚信等社会风尚带给了群众，同时也提高了自身的知名度。

2007年6月，供电局37名女员工自发报名组成了“海霞电力女子服务队”，为海岛百姓提供优质电力服务，实践扶贫帮困，传承传统美德。2009年3月，服务队正式加入洞头先锋女子民兵连，成立洞头先锋女子民兵连电力排。2011年，温州电力局在全市电力系统成立了温州海霞电力服务队。海霞电力服务队以“海霞电力情，情系千万家”为服务理念，定期到学校、社区、企业、乡镇开展安全用电、节能常识、电力政策宣传等活动，开展客户欠费温馨提醒、用电业务咨询、客户回访、特别服务对象上门服务等常规活动。并将随时配合局里优质服务、行风建设等中心工作，每年开展1—2次大型活动，着力提升洞头电力优质服务形象，守护海岛居民的万家灯火。成立近五年来，海霞电力服务队已开展了各类活动100多次，参加人数超过千人。“巾帼不让须眉”，由于海霞电力服务队工作出色，近年来荣获了浙江省五一劳动奖状、中华全国总工会和浙江省总工会“女职工建功立业标兵岗”、浙江省电力公司“供电服务品牌20强”、温州市“三八红旗集体”和“洞头县优秀志愿服务组织”等荣誉称号。

2009年，温州洞头县北岙镇在城中社区原“夕阳红”治安巡逻队的基础上，成立了”海霞妈妈”平安志愿者服务队。所有成员都是自愿为社会公益事业服务的中老年人，目前，共有队员387人。队员遍布海岛，服务的内容也从夜间的防火防盗巡查扩展到积极参与环境卫生整治、文明交通劝导、社会监督、扶残助困、义务服务等20多项志愿服务活动。所有杂七杂八的事务，只要有利于海岛建设、社会和谐，“海霞妈妈”们都会主动去要求、主动承担。“海霞妈妈”们，既没有工资，又无任何工作补贴，却365天全年无休做着志愿服务工作，身体力行，实践着“海霞精神”。

2011年成立了以县委书记为组长的海霞军事文化发展工作小组，同年举办首个“海霞旅游 · 生态消费”活动日；2012年，洞头海霞文化研究会宣告成立；2014年，海霞办作为洞头县旅委下属机构，专门负责海霞红色旅游发展工作，先后打造了以军事体验为主题的海霞军事公园、以海霞文化展示为主的洞头先锋女子民兵连纪念馆、以教育体验为主的海霞营地，以及以军民友谊池、海霞故居、红星果园、海霞生态垦礁区、海霞生态剧场等红色旅游景点。在城区建设海霞公园、海霞广场、海霞中学等，在城市文化中也融入海霞文化元素，形成“人人知海霞，人人是海霞”的社会氛围，使海霞精神代代相传，海霞文化延续发展。

“十八大”社会主义核心价值观的提出再次唤醒了“爱岛尚武，励志奉献”的海霞精神，两者是相得益彰的。洞头县坚持把培育和践行社会主义核心价值观摆上重要位置，同贯彻落实党的群众路线、提升社会治理能力紧密结合起来，坚持以人为本，大力弘扬社会正气，培育文明风尚，与海霞精神相结合并注重精神引领，开展了海霞有礼创作大赛、海霞青春梦话剧等活动，有效推进了社会主义核心价值观在洞头的本土化进程。洞头县还强化了公民道德教育，开展了四大文明行动、志愿服务制度化、诚信建设制度化等以“文明、诚信、友善、勤俭、孝敬”为主题的道德宣传教育活动，打造“民风淳朴、文明有礼”的道德洞头高地。

无论是昔日的“海霞女民兵”，还是而今的“海霞电力服务队”“海霞妈妈”，不管岁月如何流逝，她们心中的“海霞”情怀永远不变，“爱岛尚武，励志奉献”的海霞精神永存于她们心间。如今，女子民兵连已经成为洞头县的精神品牌，“海霞”的足迹遍及社会各个角落。这些来自各行各业的“海霞”精神继承者们积极投身于洞头改革开放，参与经济社会建设，从抢险救灾到扶贫帮困，从治安保卫到维护稳定，在拥军优属、慈善事业、文明创建、红色旅游等领域处处闪烁着光芒，她们的足迹已经延伸到社会各个角落。她们将那流淌在血液里的海霞精神带给了海岛群众，为建设国际性旅游休闲岛注入了新的活力。

海霞精神已成为洞头人民的一种价值取向和精神财富。人们可以从遍布洞头的红色旅游点，感受海霞精神的热烈精彩；可以从连接各个岛屿的桥梁公路，追忆海岛发展的峥嵘岁月；更可以从县域各个建设“海上花园”的火热现场，看到“干在实处永无止境，走在前列要谋新篇”的时代风采。

海霞精神具有鲜明的政治性。它充分体现了习近平总书记关于国防和军队建设的一系列重要指示精神，充分展示了海岛女民兵“爱岛尚武，励志奉献”的可贵精神和良好风貌，是当代革命军人核心价值观在民兵预备役人员中的生动诠释，具有鲜明的示范性和导向性。海霞精神还具广泛性和持久性。海霞精神已经延伸到社会各个阶层、各个行业，具有广泛的群众基层。它不断被洞头人民群众所接受、所践行，而且受到全国各地广泛的社会认同，并运用至经济建设中。洞头先锋女子民兵连成立至今已半个多世纪，海霞精神这面旗帜始终高高飘扬，与洞头的经济发展、社会进步同行，积极适应时代发展要求，不断赋予优良传统以新的内涵。海霞精神一直在传承、在延伸、在发扬光大，在与时俱进。洞头先锋女子民兵连是我县国防后备力量基层建设的一面旗帜。她们的先进事迹和经验，充分贯彻了中央领导关于国防和军队建设的一系列重要指示精神，充分体现了海岛女民兵“爱岛尚武，励志奉献”的可贵精神和良好风貌，是社会主义核心价值观在民兵预备役人员中的生动诠释，具有鲜明的示范性和导向性。在加快推进社会经济转型、实现产业结构升级和深化拓展军事斗争的背景下，广泛学习宣传“洞头先锋女子民兵连”的先进事迹，对于持续打牢后备力量基层建设基础；对于进一步强化民兵预备役人员的职能意识和使命意识，深化和拓展军事斗争准备；对于巩固和发展新型军政军民关系，积极为构建和谐社会做贡献，都具有积极意义。

第四章　海霞精神当代发展

第一节　海霞精神在今天

一、洞头先锋女子民兵连连队现状

洞头素有拥军优属的光荣传统，曾因先锋女子民兵连和《海霞》电影扬名华夏，海霞精神作为洞头双拥工作内涵薪火相传。洞头是浙东南的海上门户，距国际航线 30 海里，距台湾基隆港 138 海里，状元岙港区已开通对台定期货运航班和温州至日本国际航线，是浙江省海上南北交通要道，洞头的军事战略地位也十分重要。

“洞头先锋女子民兵连”组建于 1960 年 6 月。1960 年，国防部以毛主席名义授予汪月霞一支“五六”式半自动步枪，同年 10 月，该连一排被记集体二等功。1978 年 9 月，浙江省委、省军区为该连记集体一等功，并授予“洞头先锋女子民兵连”荣誉称号；1982 年至今，先后 5 次被全国妇联和省妇联授予“三八红旗集体”称号，8 次被总部、南京军区、浙江省评为“民兵预备役工作先进单位”，2005 年 6 月，再次被温州市人民政府、温州军分区荣记三等功一次。连队先后涌现出汪月霞、陈玉兰、王翠香等一批先进典型。五十多年来，在军地各级领导的关心、支持下，按照“打得赢”“不变质”的要求，连队始终坚持思想不乱、队伍不散、传统不丢、战旗不倒，全面建设过硬连队。女子民兵连官兵巾帼风采尤存，并依然保持着“爱军尚武、吃苦耐劳、乐于奉献、永葆本色”的海霞精神。同时，女子民兵连还积极担负起“国防教育宣传、军事旅游宣传和弘扬海岛文化”等任务。女子民兵连在扩大洞头影响、展示洞头形象、领引全县后备力量建设方面发挥了积极有效的作用。

洞头女民兵情系海防，和驻岛部队在思想上互相关心、在生活上互相帮助、在工作上互相支持，和部队一起保家卫国的故事，随着《海霞》电影的播映，更是名闻全国。五十多年来，洞头先锋女子民兵连和洞头人民开展军民联防的“鱼水之情”，也同样随着海霞精神一起，一代代地传承了下来。截至 2014 年底，洞头县已先后六次被评为“浙江省双拥模范县”，连续两届被评为“全国双拥模范县”。

雨露滋润禾苗壮，万物生长靠太阳。五十多年来，从中央到地方，各级的党、政、军领导高度重视、热情支持女子连的建设。洞头区委、区人民政府无论哪一届的领导班子都会把国防教育摆上重要的议事日程。洞头女子民兵连建连五十多年以来，连队人员虽然已经换了一波又一波，但是如今的队员们仍然保持着当年她们的前辈们那种苦练杀敌本领的优良传统，继续发扬着“爱岛尚武，励志奉献”的精神风貌。今天在洞头，女兵们个个英姿飒爽，她们不仅继承了先人们的优良品质，更赋予了海霞精神更多的时代内涵。

政治建设中争当模范。洞头先锋女子民兵连始终坚持党的绝对领导，铸牢忠诚之魂，大力加强组织建设，成为民兵红旗党支部的典范。始终把思想政治建设摆在各项建设的首位，注重用中国特色社会主义理论体系武装官兵，坚持传统教育与时代教育相结合，从增强女民兵的光荣感、责任感和使命感。广泛开展人生观、价值观大讨论，努力培养新时期爱党、爱民、爱国、爱武、爱连的“五爱”女民兵。她们把崇尚荣誉作为传统教育的必修课，每逢新民兵入连，连队都要组织开展“五个一”活动：一次民兵集体宣誓，请老连长为连队讲一堂传统教育课，参观一次连史馆，看一场《海霞》电影，学唱一首《渔家姑娘在海边》歌曲，切实打牢新入队女民兵当好“海霞”传人的思想基础。

国防建设中争当勇士。洞头先锋女子民兵连以“不爱红妆爱武装”而著称。近年来，她们坚持以军事斗争准备为牵引，积极投身改革强军实践，用新一代“四有”（有灵魂、有本事、有血性、有品德）革命军人为标准，在连队叫响“海霞巾帼胜须眉”的口号，注重用老一辈女民兵的先进事迹激励官兵战斗意志，始终保持着爱军精武的优良传统。她们坚持每年完成“五项重大军事任务”：组织整顿一次、集中强化训练一次、全副武装拉练一次、与现役部队比武竞赛一次、针对任务实兵对抗演练一次。通过举办强化训练、军事比武、对抗演练等活动，不断强化官兵特别能吃苦、特别能战斗、特别能忍耐的精神气质，锻炼不怕牺牲、敢打硬仗、勇敢顽强的战斗作风。连队先后有 97 人被省军区、南京军区评为“神枪手”“射击能手”“优秀‘四会’教练员”和“训练标兵”。多次参与重大演训任务，230 多次为国家领导人和军地各级领导进行军事科目汇报表演，20 次参加上级组织的重大军事科目比武考核，完成了女子连“50 周年大庆”“55 周年大庆”军事科目汇报和省四套班子“过军事日”对抗性演示。

经济建设中争当尖兵。时代的发展赋予了洞头先锋女子民兵连新的历史使命，在这面旗帜上刻下了更多更丰富的内涵。近年来，她们不断开拓视野，不断更新理念，积极投身地方经济建设，为改革开放助威助力，为和谐社会添光增色，为伟大祖国的文明进步摇旗呐喊，以女子民兵连的特殊方式，在国防教育宣传、军事旅游宣传、弘扬海岛文化等方面获得许多成就，以实际行动影响了群众，带动了群众，展示了当代女民兵的巾帼风采。近 10 年来，连队还积极参与“五岛连桥”工程建设，带头捐款 31 万余元；义务造林 200 多亩。女子连官兵在苦练军事技能的同时，积极投身经济建设，先后有 35 名女民兵成为当地自谋发展、脱贫致富的带头人。

文化建设中争当先锋。洞头先锋女子民兵连不仅注重自身形象的塑造，更注重社会财富的创造。她们经常走乡串户，深入渔村，宣传党的政策法规，传播社会主义文明新风，积极做群众的思想工作，把“海霞”旗帜插到社会的各行各业，把文明的种子撒遍洞头的山山水水，用“海霞”精神去感动人们。先后成立了温州市第一支女子禁毒宣传队、女子民兵连义务消防队、海霞红十字救援队，负责平安创建、义务造林、维护交通秩序等任务。近年来，她们自编自演了 100 多个宣传党的政策、歌颂新人新事、歌唱军队联防的文艺节目，经常深入社区、村庄和部队，为人民群众和驻岛官兵义务演出。积极践行社会主义核心价值观，进村入户宣讲社会公德、文明礼仪、移风易俗等新风尚，积极承担留守儿童教育、空巢老人关爱等公益事业。

社会建设中争当表率。洞头先锋女子民兵连始终视服务社会为己任，没有躺在过去的功劳簿上睡大觉，没有停留在对往事的津津乐道上，而是按照“适应军事需要、服务地方建设，打造鲜明特色，扩大社会影响，建设过硬连队”的思路，不断进取，开拓创新，在社会建设中屡创佳绩，屡立新功。从工厂到工地，从学校到部门，从企业到社区，她们在各种抢险救灾中发挥突击作用，在维护社会稳定中起示范作用，在社区扶贫帮困中起榜样作用，在精神文明建设中起模范作用，在各自的生产岗位中起骨干带头作用，成为构建社会主义和谐社会的一支强有力的生力军。

二、洞头政策和上级关怀

"海霞"连队从建立发展至今，离不开洞头县委县政府的支持和上级领导部门的关怀。步入21世纪以来，洞头社会发展日新月异，洞头女子民兵连也面临着新时期的一些新挑战。如何解决新时期连队面临的如人员流动、资金等问题，成为"海霞"连队急需解决的难题。要想打响海霞品牌，更好地传播海霞精神，必须先解决目前新形式下的民兵连的建设问题，否则一切都无从开始。民兵的来源问题、民兵的素质问题、民兵的稳定性问题、民兵的整组问题、民兵退役后的保障问题等，都有待很好的解决。民兵的特点是平时为民，战时为兵。除了正常的训练时间有一定的补贴外，其余时间基本没有固定的收入来源，因此，还要维持正常的生计。而连队的训练打破了正常的工作，加大了再就业的难度。生活的维持成了连队成员最大的问题，更不用说吸引高学历、高素质的成员了。

为了更好地解决这一问题，2007年7月2日，中共洞头县委连同洞头县人民政府和洞头县人民武装部发表《关于加强洞头先锋女子民兵连建设的若干意见》(下简称《意见》)，进一步弘扬"海霞"精神，树立"海霞"品牌，高扬"海霞"旗帜，就加强女子民兵连建设提出了四大意见：

一是连队职责任务。在新形势下，女子民兵连建设必须着眼做好军事斗争准备和洞头经济建设两个需要，战时履行参战支前、保家卫国的使命，平时配合地方公安维护社会稳定，宣传和弘扬“海霞”精神，投身红色旅游、军事旅游事业，努力成为和谐洞头建设的卫士，新渔村建设的标兵，百岛旅游的“窗口”。

二是连队主管选拔。选强配齐连队主官。连长由招聘的女专武干部兼任，指导员由县机关事业单位中具有公务员资格、热爱武装工作、年龄在35周岁以下的优秀女干部担任。连队主官参照下派驻村指导员管理，原人事关系保持不变。连队主官任免，参照专武干部任免权限，按县人武部提出预任对象、县委组织部考察、县人武部部长政委任命的程序进行，任期为2—3年。连队主官列入县管后备干部，由县人武部管理，组织部协助。

三是骨干队伍建设。连队原定编制规模不变，其中女民兵骨干为24名，其余人员编入机关、企事业单位。(1)人员招聘。女民兵骨干参照征兵标准公开招聘18—22周岁的女青年，择优录用，服役期为3—5年，除连队建设需要外，原则上年满25周岁必须退役。(2)人员待遇。女民兵骨干年收入不低于1.2万元(不含养老、医疗、失业保险金)，退役时发给2年制城镇义务兵当年退役金的50%，其他参照退伍军人有关待遇享受；编入机关、企事业单位普通女民兵待遇按既定政策执行。(3)人员管理。坚持从严治军原则，参照连队建设，由县人武部对女民兵实施准军事化管理。女民兵骨干必须始终在职在岗，每年组织3个月基础科目集中训练，同时加强其它技能培训，做到亦兵亦民，能文能武。(4)活动场所。设立女子民兵连连部(暂定原老年大学)，作为连队日常办公和活动场所。

四是连队经费保障。(1)女民兵骨干固定工资、养老、医疗、失业保障费、连队训练经费以及日常办公经费列入县财政年度预算。(2)收回女子民兵连纪念馆承包权，由女子民兵连负责经营管理。纪念馆门票收益、女子民兵连红色旅游创收等商业收入，用于纪念馆管理人员工资、水电、维护和连队日常支出。(3)建立健全女子民兵连财务管理机制，确保连队经费管理规范、有序。

在此《意见》的指导下，洞头女子民兵连迎来了崭新的发展阶段。在洞头区两委的大力支持下，女子先锋民兵连的各项制度体系日益完善，并收回了纪念馆的经营管理权，更好地保护和管理女子民兵连纪念馆。而女子先锋民兵连所代表的红色印记，也成为海岛洞头宝贵的资源。

三、洞头女性的红色品牌

从《海岛女民兵》的出版和电影《海霞》风靡全国，洞头这个名字一直与“海霞”紧密相连，甚至已经成为了洞头独一无二的名片，而“海霞”也成为了洞头县独特的文化现象，在洞头，社会生活中处处可见“海霞”的影子。

海霞女子先锋民兵连巾帼不让须眉的形象通过红色小说《海岛女民兵》和电影《海霞》描绘得惟妙惟肖，在解放洞头的战争中，渔家姑娘们自愿参与到后勤支前中去，烧水、送水、护理伤员、运送弹药，擦去受伤战士身上的血迹，抬下阵亡战士的躯体，为洞头解放事业做出了很大的贡献，留下了“爱岛尚武，励志奉献”的优良传统。海政文工团团长宋祖英女士曾在一次采访中表达了电影《海霞》对她职业生涯的重要影响，正是海霞精神的鼓舞使她对大海和中国海军充满了崇敬和憧憬之情，从而在职业选择中依然决定成为一名海军，为祖国的海洋事业献出一份自己的力量。

“爱岛尚武,励志奉献”的海霞精神薪火相传。半个世纪前,海霞前辈们以钢铁般的意志力,创造了奇迹般的故事;半个多世纪以来,一代又一代的海霞人前赴后继,创造了更多的辉煌。如今的洞头,“海霞”的足迹遍及社会各个角落,“海霞”的风采展现在社会各行各业,“海霞精神”已经成为洞头人民的一种价值取向和精神财富。人们可以从遍布洞头的红色旅游点,感受到“海霞精神”的热烈精彩;也可以从连接各个岛屿的桥梁公路,追忆海岛发展的峥嵘岁月;更可以从县域各个建设“海上花园”的火热现场,看到“干在实处永无止境,走在前列要谋新篇”的时代风采。

海霞精神激励了广大女性奋发向上、奉献社会,特别是在女子民兵连的故乡——洞头,一大批洞头女性以海霞精神为指引,将海霞精神发扬成为了独特的品牌,让海霞精神不再局限于部队,在社会各领域都得到了继承和发扬。在众多学习传承海霞精神的队伍中,有几只队伍从中突显出来,成为新时期海霞精神的代言人。

(1)海霞电力女子服务队。

在海霞精神的鼓舞下,洞头区电力女工策划组建的“海霞女子电力服务队”,奔波在美丽的百岛之乡,成为海霞品牌中璀璨的案例,被中华全国总工会授予“全国工人先锋号”荣誉。由电力女工组成的“海霞”队伍以提供优质电力服务、履行社会责任、服务地方建设为己任,把服务带进海岛上的千家万户,将足迹留在洞头的每条大街小巷。她们似浪花般激情四射,如朝霞般绚丽多彩,用辛勤的汗水和美丽的青春诠释了爱岗奉献的真谛。

随着供电量的逐年增长,海岛百姓的服务需求也在不断扩大，这对供电服务提出了更高的要求。2007 年，恰逢国家电网公司提出“优质服务年”的号召。如何实现国网公司“努力超越追求卓越”的企业精神成了洞头电力人上下思索的问题。时任洞头县供电局副局长的潘淑娟想到：“海霞”能在女民兵队伍中涌现，难道就不能在电力女职工中亮相吗？我们能否利用女职工特有的细腻和耐心，将电力优质服务水平再上新台阶，并让“海霞精神”在电力职工身上得到继承和发扬呢？潘副局长的设想与建议得到了局党委的高度肯定和支持。

2007 年 6 月，由全局 37 名女职工自发报名组成的“海霞电力女子服务队”正式成立。在洞头先锋女子民兵连纪念馆举行的授旗仪式上，她们庄严宣誓：以“海霞”精神为指引，扎根海岛，造福百姓。以己所能，承担社会责任，服务社会大众。努力成为优质服务的倡导者，扶贫帮困的实践者，传统美的的传承者。2011 年，温州电力局在原海霞电力女子服务队的基础上，融合服务特色，提炼服务亮点，进行进一步的整合优化，在全市电力系统成立了温州电力海霞服务队。洞头成立了温州电力海霞服务队洞头分队，原“海霞电力女子服务队”更名为“温州电力海霞服务队洞头女子分队”。如今，“海霞”精神在整个温州电力系统焕发出新的光彩，队员们在“海霞”精神的引领下，带着满满的激情与爱心，走进了千家万户。

2009 年 3 月，为了进一步加强全体队员的综合素质，提升服务队的精神状态和服务品质，温州电力海霞服务队洞头女子分队正式加入洞头先锋女子民兵连，成立洞头先锋女子民兵连电力排。通过上军课，定期开展准军事化训练、户外扩展训练等活动，不断熔炼团队。在“海霞”精神的引领下，她们勤学习，善思考，不断完善自我，努力提高为民服务的本领。

服务队成立之初，身为女性的她们存在着“不懂电，怕碰电”的弱势。“身为电力女工，不能让不懂电成为进一步突破服务的障碍。男职工能做到的事我们也能做到。”于是，她们自觉学习电工知识，还专门成立了“电工小分队”，聘请局里的线路班的师傅传授线路知识。通过查资料、请教师傅、重复性训练，她们很快就掌握了基本的电工知识，排除一般的内线故障变得得心应手。在一次下村开展便民服务时，有位大婶要求帮忙查看电灯不亮的原因，服务队员立即解下工具包排查故障，很快就找到了原因，解除了故障。看着明亮的电灯、开心的大婶，一股自豪感油然而生，队员们加强自身能力的决心就更加坚定了。

为了更好地承担社会责任，还需要有开拓创新的精神。每年年初，温州电力海霞服务队洞头女子分队都会开展年度活动策划会，并且在具体实施活动前召开碰头会，在活动结束后召开经验总结会，队员们一起群策群力。服务队还安排了“从我做起，携手呵护绿色地球”“齐织围巾，敬老院冬日送温暖”等别具匠心的活动，不断播撒着温暖。在摸索和探索中，服务队不断得到成长，“海霞”这面旗帜也更加鲜红了。

(2)海霞妈妈服务队。

洞头女性向来温婉坚强，在海霞精神的鼓舞下更是积极奋发，妈妈们聚集在一起建立了志愿服务队。2010 年 4 月 29 日，正式组建为“海霞妈妈”志愿者服务队，其前身是“夕阳红”治安巡逻队、“海霞妈妈”宣传督导队。组队以来，海霞妈妈发挥新时代“海霞”精神，争做平安使者，争当文明卫士，争创共建模范，积极投身洞头的文明县城、卫生县城、国际性旅游休闲岛建设，用自己的真心付出为社会建设贡献力量，用自己的无私奉献共筑志愿服务精神，推动着社会管理的创新和发展。

自成立以来，海霞妈妈志愿者服务队就以和蔼可亲、细致工作、服务全面而深受海岛群众的喜爱。她们积极主动地深入到群众当中去，进村入户，走街串巷开展环境整治、文明创建、文化惠民、政策宣讲等一系列服务。她们主动宣扬“和谐家园”创建理念，随时随地开展调节劝解，以贴心“老妈妈”的形象积极化解邻里之间的矛盾纠纷，她们让更多的海岛群众感受到了“和谐社会”的美好温情，让更多需要帮助的人们感受到了社会的关爱。

几年来，海霞妈妈们参与的各种文明创建、政策法规宣教、文化共建等活动不下千次，她们事无巨细，见什么管什么，在日常巡逻中，不仅承担“干活”的角色，还承担了“教育”的角色，她们积极开展卫生创建、调节纠纷、文明宣传、新风培育，引导群众做文明社会的推动者。她们多才多艺，成立文艺队伍，自编自导多场演出送到基层去，与部队共建、与村民联欢，推进了群众文化的发展，传承了双拥共建的优良传统，树立了文明新风。海霞妈妈志愿服务队在生活中甘于奉献、乐于助人，积极为广大群众办实事、办好事，用实际行动感动周边群众。她们每天穿着红马甲、带着红袖章在社区范围内开展各式各样的服务，督促居民做好卫生整治，加强治安防范措施，开展邻居互助等。同时，她们又积极协助街道和社区开展法制宣传，重点人员帮教，不稳定因素排查，及时化解矛盾纠纷。她们通过自己的示范行为，成为老百姓的榜样，成为社会道德建设的领路人，在她们的引领下，群众道德意识不断增强。

展望未来，海霞妈妈将会有更大的发展空间。首先，将海霞妈妈队伍由城市向农村延伸，深化农村新社区网格服务。充分发挥海霞妈妈们在网格里的作用，通过“定格、定人、定责”的“三定”做法，积极参与法制宣传、治安巡防、重点人员帮教、矛盾调处、环境卫生整治等工作，不断改善海霞妈妈在网格里的服务渠道、服务方法、服务举措，通过在网格内的“切入式”服务以及网格区域内的沟通互动，逐步建立起“多网合一、一网多格、一格多元、全员参与”的网格服务体系。其次，开展农村新社区精细化服务。细化社区便民中心服务项目，建立精细化社区服务模式，对网格内居家的老弱病残和空巢老人实行贴心服务。开通一键通电话，提供家政、理发、医保、家电维修、超市购物等服务；开通报警电话，实现平安联防。实行“个人＋户组”的挂钩服务模式，每一名海霞妈妈成员挂钩一个“户组”，提供日常便捷的服务。扩大海霞妈妈服务管理领域，全方位参与社区各项建设，在满足农村新社区居民多样化、个性化需求的同时，也充分调动广大群众参与到新社区建设的积极性。

(3)海霞慈善义工。

义工队伍是目前活跃在社会上的重要社会组织。海霞慈善义工队伍的成立，对进一步传递海霞精神具有重要意义。海霞精神的传播和发展必然要通过人们的行为表现出来。义工队伍成为海霞精神传播的载体，他们活跃在洞头的大街小巷，为海岛人民进行慈善服务，用点滴小事感染着周边的群众。

在洞头区，在海霞精神的指引和激励下，类似“海霞妈妈”的社会组织还有很多，比如大门镇的“老师伯”、元觉街道的“老娘舅”、霓屿街道的“管事公婆”、鹿西乡的“红老大”等，都在争当为洞头区发展励志奉献的新时代“海霞”。

更有一些专业的义工队伍在海霞精神鼓舞下成立，例如洞头“快乐之本”义工队伍。“快乐之本”以“提升公民参与理念，培养家庭社会责任，创新可持续赋能自主模式”为使命，于2005年12月5日发起成立，是洞头区第一家民间公益组织，现有市、区两级民办社工机构，发起和共同组建社会团体一家。温州市快乐之本社工服务中心于2012年7月注册，是温州市第一家市级民办社工机构，现为温州市5A级社会组织，浙江省社工师协会副会长单位，浙江省社会工作和志愿服务协会副会长单位，先后被评为2012年度、2013年度和2014年度温州市优秀社会组织，并成功申报成为温州市首批社会工作服务基地，高校毕业生见习基地。温州市洞头区快乐公益联合会于2015年10月10日注册，为义工团队基础上建立的社会团体，截至2015年11月底，共组织大小活动600余次，32000人次参与义工活动，累计为社会服务10万多小时。十年来先后获得“浙江省优秀志愿服务集体”“温州市志愿服务工作先进集体”等荣誉，涌现出“中国助残先进个人”“浙江省优秀志愿者”等一大批志愿服务先进个人。“一路走来伴着酸甜苦辣，很多喜悦、感动，非常感恩。”快乐之本发起者林加帅说，走过十年公益路，以前觉得是做好事，现在更多的是要把事做好，希望在未来，通过快乐之本这个平台，让更多的人加入其中，关注社会弱势群体。

(4)海霞女子读书联盟。

2010年，在洞头女子民兵连建立50周年之际，为更好地传承海霞精神，营造全县女性热爱读书的良好氛围，县妇联牵头建立了“海霞之声”女子读书联盟。读书联盟以“坚持女性立场，关注女性热点，弘扬海霞精神，彰显巾帼本色”为主旨，在成立之初就吸引了40多位党政机关企事业单位的女性积极加入。

读书联盟接受县妇联的领导，内部组织分工明晰，并且邀请了相关领导和专家做顾问，为读书联盟提供建议和咨询。随后，“海霞之声”就开通了博客、微博、QQ群等网络平台供成员们交流学习。每个成员都在各个平台上积极发表自己的读书感悟、心得体会等等，在QQ群里大家更是聊书本，聊生活感悟，互相监督学习，随着大家交流的增多，成员间的感情也是日益加深。

为了更好地鼓励成员们学习和交流，读书联盟又为大家开辟了“女性课堂”栏目作为大家的学习平台，通过联谊会、沙龙等形式，定期邀请各方面专家学者举行讲座，丰富大家的学习和生活。

“海霞之声”精心策划女性课堂活动，通过QQ群、微信等工具发出公告，征集多数人感兴趣的课程，由县妇联邀请相关专家学者授课。到目前为止，已经举办了“女性情绪管理与心理健康”“《红楼梦》人物赏析”“家庭教育的智慧”“做一个优雅知性的职场女性”等多场报告会，获得了良好的反响。这样的学习互动方式激发了洞头女性求学求知的强烈兴趣，成员们通过阅读、写作不断地提升自己的知识素养。目前，成员中有1人被吸收为省作协会员，2人被吸收为市作协会员，已有4人出版个人作品专辑共5部，在国家级刊物上发表67篇文章，在省市级刊物中发表近300篇文章。

同时，妇联还在“海霞之声”的平台下积极主办征文论坛活动。2010年，平台组建开展了“低碳家庭·时尚生活”主题征文活动，联盟成员纷纷撰稿，有的通过搜集身边的“低碳”见闻，有的结合自己的亲身经历或体验，从不同的角度，采用不同的叙述方式讲述了自己的低碳生活经历和种种收获，一个个小细节、小故事、小镜头展示了海岛人与时俱进的生活理念，也展示了海岛人日益精致的生活品质和文化底蕴。2011年举办了“女性与发展”论坛，深入讨论洞头在建设国际性旅游休闲岛进程中，女性应如何迎接挑战把握机遇，参与发展，促进发展这一问题。通过论坛搭建各界女性相互学习交流、积极建言献策的平台，共同探讨女性发展的重点、难点和热点问题，不断开拓视野，展示女性时代风貌，实现自我价值。

读书联盟成立以来，还组织多次联谊活动，加强成员之间的沟通与联系，促进成员间感情的培养，促进共同发展。洞头县妇联通过策划开展“海霞之声”迎新年联谊会，使成员们欢聚一堂，共叙友谊，共庆新春。动人的舞姿，悠扬的古筝，恬静的瑜伽，深情的诗朗诵，激昂的歌声……联谊会的舞台上，一位位女性各展才艺，展现风采。2012 年红七月期间，推出“海霞之声”女子读书联盟红七月观影品茗会，特别邀请了洞头县县政协副主席、国家高级茶艺师杨艾立现场讲解茶道，为成员们揭开茶文化的神秘面纱。杨艾立老师一边结合现场表演，一边从茶的来源、茶的功效、如何泡茶等方面进行讲解，带领成员们细细品赏茶的美感之道。欣赏茶道之余，读书联盟成员还观看了红色微电影《不朽》，一起学习了中国人民解放军不惧牺牲、英勇顽强的革命精神。

“海霞之声”在组织成员读书学习的同时，积极发动成员参与各类公益活动。在 2011 年“三八”妇女节当天，“海霞之声”女子读书联盟的成员开展了捐书献爱心活动，为东屏街道寮顶村的留守儿童送去了 500 多册少儿图书，以捐赠 1 个农村留守儿童图书室这种特殊的方式庆祝自己的节日。妇联发起“为留守儿童征集代理家长”的号召时，海霞之声的的成员们纷纷响应，主动申请当起了留守儿童的代理妈妈，通过带孩子回家、与孩子们一起读书、购物、谈心，参加亲子游园、军事体验活动、夏令营等活动，为留守儿童带去亲情温暖。成员们还参加了“爱如暖阳”冬衣捐赠、为困难家庭捐款、义务植树等诸多活动。成员发挥自身专业特长，有的为留守儿童开展心理团体辅导，有的担任青少年暑期夏令营的辅导老师等。通过组织参与各类公益活动，增强团体的凝聚力，激发团体活力，彰显现代“海霞”知性美。

四、海霞精神与青少年

学校作为政治社会化的重要途径之一，承担着教育和教化的重要功能。因此，推广海霞精神必须以学校为基础，在校园内大力推广海霞文化教育，深入挖掘海霞精神的内涵，将校园作为弘扬海霞精神的重要基地，并发散到社会的各个阶层。青少年是国家和社会的未来，在青少年中积极传播海霞精神，可以使他们更好地了解自己的家乡和历史，海霞精神在学习和生活中都将对青少年起到积极作用，比如深入体会吃苦耐劳这样的价值内涵对今天的青少年意义深远。

(1)海霞中学。

2002 年，洞头县实行校网调整，将原试验中学北岙校区更名为海霞中学，并由汪月霞同志担任荣誉校长。洞头县第一所以“海霞”命名的学校由此诞生，标志着海霞精神在校园内的传播进入了一个新阶段。

海霞中学以“塑造健全人格，为学生终身发展奠基”为教学理念。这是很朴素的办学理念，健全学生的人格，就是要培养学生的主人翁意识、独立自主意识和集体合作能力。这样的精神正是海霞连队从创建伊始到如今都一脉相承的。

爱岛精神是基础，尚武是手段。对学生来说，爱岛精神就是主人翁精神和独立自主的能力，爱岛体现在哪里呢？爱自己的学校就是最好的“爱岛”诠释，为此，学校完善了对学生个体、班级、德育管理的评价机制，坚持不懈地培育海霞新人。以《海霞中学资信、诚信班级评比考核细则》《海霞中学班级量化评估细则》来加强班集体建设，培养学生集体荣誉感和主人翁精神；通过学生会，让学生自主开展“文明班级”“绿色班级”“五四团支部”的班级竞赛和“校园十大优秀团员”“校园十佳中学生”“校园十大环保小卫士”“文明礼仪生”“校园十大感动事件”的个体活动，围墙上绘制的体育文艺专题墙画，传承海霞尚武精神，展示海霞学子风采。学校让学生在具体实践活动中，主动自觉地进行生理素质和心理品质的锻炼，从而培养强壮的体魄和坚强的意志，初步形成做生活强者的意识，促进了学生的全面发展。

“海霞”是国防建设中的巾帼英雄，海霞中学是前中央军委副主席兼国防部部长迟浩田同志提名的。海霞二字注定了海霞中学离不开红色，离不开国防教育。海霞的其中一个精神内核为励志，学校以往也开展了形式多样的活动，但缺少整合，少了海霞的特色。近年来，学校以一条红色主线贯穿始终，开展多种活动培养新海霞人的励志品质。每学期开展队列训练一次，唱红歌一首，读红书一本，看红色电影一部，参观女子民兵连纪念馆一次，进海霞军事主题公园活动一次，参观海防连体现军营活动一期等，体验海霞生活，理解海霞精神，领悟海霞精神孕育的实质。进而促使海霞学子在学习生活中养成吃苦耐劳的品行，培养起关注细节的习惯，使得他们的身心、能力、综合素质得到提高，内在的精神得到升华。依靠责任意识，自强不息，这样将来无论身处何方从事何种行业，依靠这种精神都能成为国家不可或缺的“栋梁”之才。

海霞的另一个精神内核为奉献。近几年来，学校以社区为依托，每年 7—8 月份组织学生开展形式多样的暑期社会实践活动：帮助居委会出黑板报；让优秀团干部担任居委会主任助理；

建立保护母亲河监测并定期检测，成立保护母亲河生态监护队学生社团；举行我为创建文明县城献一策的调查与采访活动；同时利用节假日争当社区文明巡逻员；心系老人，不忘孤寡；关注贫困同龄人等活动，走进海岛的每个角落，为社区做一些力所能及的事情，为家乡的发展贡献自己微薄的力量。海霞学子在社会实践活动中，体验到了社会价值情感，调整了自身的价值判断标准，完善了自身的道德行为。更好地践行了“今日我以海霞为荣，明日海霞以我为荣”的励志愿景。

海霞精神已经在海霞中学扬帆起航，将伴随着海霞学子走过以后的每一个春夏秋冬。

(2)开展海霞精神进校园活动。

洞头区内各类各级学校要把弘扬海霞精神作为校园文化建设的重要内容，进一步推进学校教育、家庭教育、社会教育、网络教育有效衔接。开展“学道德模范、诵中华经典、做有德之人”活动发挥老干部、老战士、老专家、老教师、老模范的育人作用，推进未成年人思想道德建设，并且在时期成熟的时候，定期组织孩子们入社区、入乡村、入敬老院，主动开展各类服务活动，学习海霞无私奉献的精神。

青少年作为最具生机活力、最朝气蓬勃的新一代，在推进经济发展和社会进步的浪潮中具有勇于创优、敢于先行的时代精神和历史责任。在青少年中弘扬海霞精神，鼓励他们积极践行海霞精神。近年来，洞头县团委通过开展一系列活动，寓教于乐地将海霞精神融入于各类团队活动当中，进一步帮助洞头青少年了解海霞精神、认知海霞精神、理解海霞精神，努力争做一名合格的海霞传人。

现阶段，中小学校都在实行新课程，广大中小学老师已逐步认同思想品德教育、综合实践活动的重要地位，新时期学校思想道德教育的针对性和实效性也在不断得以加强和提高。而乡土教材可以很好地契合这一目的，正如课程标准中所指出地："乡土教材可以帮助学生认识学校所在地区的生活环境，引导学生学以致用，培养学生实践能力，树立可持续发展的观念，增强爱国、爱家乡的情感。"海霞办正积极助推海霞文化编入乡土教材，通过把洞头极具代表性的海霞文化编入其中，让洞头中小学生深入地了解和学习海霞文化的内涵。学校作为中小学生思想道德教育的主战场，把海霞文化的内核、精髓融入思想道德教育的进程中，可以更好地提升学校思想道德教育水平。

课堂教学和课外实践，是统一且不可分割的两方面，是不可相互代替的两个部分，它们相互渗透，相互影响，相互促进。洞头中小学校应该因地制宜，积极开展各种海霞文化课外实践活动，将参观女子民兵连纪念馆、体验军事日等活动常态化、制度化。同时鼓励中小学生积极参与各种力所能及的公益性活动，参与到海霞妈妈志愿者服务队和其他志愿组织的志愿服务中去。通过积极引导与自愿参与相结合、学生为主与教师指导相结合，在洞头中小学校中开展形式多样的课外实践活动，在实践和劳动中体会海霞精神的实质，在参观学习中体会海霞精神的内涵。

五、海霞精神学习活动

海霞精神的核心要义是"不求名、不为功、甘吃苦、乐奉献"，这正是我们这一代人所要学习和领悟的精神。学习海霞精神首先要无畏无惧、不断进取，我们常常会把"爱拼才会赢"挂在嘴边，这又何尝不是海霞精神所要表达的呢？对于新时期的年轻人来说，正是奋斗拼搏的时光，学习海霞精神，能为我们增添精神动力，激励我们更加努力地拼搏。其次，要有“无怨无悔、甘愿付出的奉献精神”，这是海霞精神的一个重要精神内核，开展海霞精神学习活动这是第一要义，旨在提高青少年的思想水平，进一步帮助洞头区乃至全国的青少年了解、认知、理解海霞精神，并内化为自己的行为准则，更好地传承海霞文化。再者，海霞精神的内核还有“永不满足、永不歇足”的开拓精神。社会需要发展，经济需要进步，文化需要传承，海霞精神在于“不满足、不歇肩”地向前探索，我们不仅要在洞头区继续发扬海霞精神，同时还要在全国范围内展开来，让全国人民了解“海霞精神”，听“海霞故事”，丰富“中国故事”的内涵。

海霞精神的弘扬有助于推动社会主义精神文明建设。社会主义精神文明不是一朝一夕就可以建成的，但是没有一朝一夕的积累是永远不可能建成的，海霞精神指导我们从身边的一点一滴小事做起，每个人迈出文明的一小步，将会是整个社会的一大步，学习和弘扬海霞精神，将有助于我们推动社会主义精神文明建设。自 2011 年开始，洞头已经将每年的 6 月 20 日，洞头女子民兵连建连纪念日确定为海岛的“海霞旅游 · 生态消费”日。然而，单日活动并不能具有全面的号召力。我们可以利用整个六月，全面开展海霞精神学习宣传活动：组织召开学“海霞”座谈会，总结交流各项学“海霞”活动经验，部署开展其他倡导海霞精神的活动；通过洞头海霞办、海霞文化研究会牵头组织专家学者研讨会，研讨海霞精神的时代价值，加强学习海霞活动的理论和实践研究，为推进洞头精神文明建设提供理论支持。发动全体居民广泛开展学海霞大家谈活动，深化对海霞精神的认识，推介典型经验做法，围绕推动学习海霞活动建言献策。

开展“与海霞精神常相伴”系列宣传教育实践活动，每年总结推广一批学习海霞活动的先进经验、评选表彰一批先进先进典型，充分发挥先进典型的示范引领作用，推进社会公德、职业道德、家庭美德、个人品德建设，引领社会文明风尚。目前，洞头在倡导、传承海霞精神方面做得比较成熟的队伍有海霞妈妈志愿服务队、温州电力海霞服务队洞头分队、洞头区志愿者协会快乐之本义工分会，这些队伍都是常年坚持，并且持之以恒的先进典型，需要好好发扬并且不断推介和宣传。

六、海霞营地建设

2008 年 2 月，海霞营地正式对外开放运营，基地所在地的海霞村正是海霞先锋女子民兵连和海霞精神的发源地。近几年来，海霞营地从青少年的实际需求出发，积极推进硬软件设施建设，精心设计出系列活动载体。一是当民兵，炼意志。依托军事体验基地，开展基础军事训练、模拟军事演习，接受国防教育，磨炼意志、强化青少年团队意识，传承海霞精神。二是识渔民，干渔活。引导青少年走进渔家、零距离接触渔民，让青少年参与织渔网、串贝壳、做渔家特色小吃等渔家劳作，体验劳动之趣，感受劳作之美，体会现代渔村与城市的差异。三是扎野营，拾野趣。以基地“阳光沙滩平台”为依托，体验自主烧烤、野炊、激情篝火联欢和别样地户外野营活动，让青少年释放身心，享受自然。四是赏海景，长知识。组织队员欣赏旖旎的海岛风光，让青少年体会大自然的美丽风情，陶冶情操，开拓视野，通过摄影、摄像、写作、写生、制作标本等形式，带领广大青少年走进第二课堂，增长课外知识。自开营以来，先后接待了县内外青少年过万人次，进一步扩大了海霞营地在温州地区乃至全省青少年校外活动阵地的影响力。

传承海霞精神,开展红色印迹寻访活动。组织中小学生重访海霞营地和海霞军事主题公园,了解洞头解放史和海霞故事,进一步深刻理解海霞精神实实在在的内涵。围绕家乡发展,组织全县中小学生开展“蓝色嘉年华,寻访真亮点”寻访家乡变化之60个亮点活动,通过写作、绘画、摄影等形式纪录家乡60多年来的某一处变化,感受家乡的美好,坚定建设美好家乡的信念。组织全县青少年深入海霞营地,同女民兵一起开展军事训练和素质拓展活动,切身体会女民兵生活,用身心感受海霞精神。

开展暑期社会实践活动。引导和组织各高校团体和县内中小学生围绕海霞精神,立足海霞基地,通过实地参观、个人采访、军事夏令营等形式,扎实开展“寻访海霞事迹、弘扬海霞精神”“育责任人生、展海霞风采”“弘扬海霞精神、树立海霞榜样”等暑期社会实践活动,丰富暑期社会实践内容,多形式帮助全县青少年平安过有意义的暑假。

第二节 海霞文化的转型

海霞文化作为洞头区的本土文化品牌,虽然曾一度在全国范围内引起热潮,但在改革开放后,并没有延续其在全国的文化热度,海霞文化覆盖范围重新收缩到温州市特别是集中在洞头区内。海霞文化作为洞头区特有的文化品牌在洞头范围内的影响力是值得肯定的,但是在更大范围的海霞文化研究中仍然存在一些问题。

海霞文化具有广泛的精神内涵。“海霞”是洞头人民的骄傲，也是洞头的品牌，给洞头带来了良好的社会和经济效应。海霞文化从女子民兵连发展而来，随着时代的发展，海霞精神的内涵也在不断地发展丰富。今天的“海霞”已经不再局限于战旗飘红的英雄连队，更是洞头军民奋发向前的榜样。从海霞妈妈到海霞电力女工，“爱岛尚武，励志奉献”的海霞精神激励了一代又一代的海岛儿女自力更生、艰苦奋斗。

海霞文化是凝聚人心、增强合力的“黏合剂”。海霞文化的生成来源于洞头先锋女子民兵连五十多年来凝结成的形象，更广泛凝结在各类海霞组织、海霞活动、海霞标签之中。红色海霞之所以能够生生不息，之所以能够代代相传，其根本原因就在于不断培育、积累和形成以“爱岛尚武，励志奉献”为核心的爱国主义、集体主义和革命英雄主义精神，对洞头来说，面对发展挑战，海霞文化有助于激励人心、凝聚人心，发挥同舟共济的优良传统，促进各类社团和各界群众抱团取暖、联手挡浪、乘风破浪。

在洞头，海霞已经成为一种独具特色的文化现象。洞头的文化人以“海霞”为豪，也愿意为海霞文化的研究和推广贡献自己的力量。近年来，在洞头区委区政府的引导下，还成立了海霞办、海霞旅游发展有限公司、海霞文化研究会等机构，为海霞文化发展做了大量的工作，也产出了一批优秀的研究成果。特别是 2012 年 8 月成立的海霞文化研究会对推动海霞文化的发展意义深远。海霞文化研究会在工作中坚持正确导向，唱响主旋律，用海霞历史教育人、用海霞文化熏陶人、用海霞精神鼓舞人，激励广大干部群众迎难而上、创业创新；要坚持精品创作，展现新魅力，通过精品力作和丰富的体裁、载体，使海霞故里、风情百岛走进更多人的视野；要坚持融合交流，推广新海霞，利用研究会这个交流平台，与社会各界密切联动，合作交流，做好海霞文化研究工作。

2016 年，经中国红色文化研究会审批，洞头区海霞文化研究会正式成为该会全国唯一县级会员单位。海霞文化研究会成立以来，致力于弘扬海霞文化，传承海霞精神，积极配合先锋女子民兵连开展各种“周年”纪念活动，为洞头先锋女子民兵连纪念馆搜集整理资料。同时，开展海霞精神“进机关、进乡镇、进军营、进学校”等宣传活动，拍摄微电影《海岛女民兵的爱情故事》，编辑出版了《霞光璀璨》《海霞文化口述史》等书籍，并在中央、省、市报刊杂志上发表了大量有关“海霞”的报告文学、通讯和论文，为海霞文化的发展做出了巨大贡献。

一、海霞纪念馆

为了学习和弘扬女子民兵连的“爱岛尚武，励志奉献”精神，洞头县委、县人民政府建造了“洞头先锋女子民兵连纪念馆。”全馆占地面积约 2000m^2，建筑面积 1000m^2。馆内设四个分馆，还设有会议室、资料室、办公室。2006 年以来，先后累计拨付 2000 多万元进行修理改建，还对馆旁的连队营房进行改造，使之焕然一新，成了能学、能看、能住、能吃的综合性纪念场馆。1996 年，纪念馆被评为省级爱国主义教育基地，2009 年荣获首批“国家国防教育示范基地”荣誉称号。

纪念馆内存有大量的实物图片，全方位，多侧面，多层次地反映了女子民兵连先锋模范作用的实质内容，生动地再现了女子民兵连的创建过程及时代背景和走过的光辉历程，集中反映了女民兵保家卫国，献身海防的崇高的爱国主义、集体主义和革命英雄主义精神；集中反映了女民兵的坚定政治信念，无私奉献的高尚情操和强烈的历史责任感、使命感;集中反映了女子民兵连为维护社会治安、参加两个文明建设所做的贡献;集中反映了女子民兵连官兵不畏艰苦、战胜困难,坚持做到组织不散、思想不乱、传统不丢、训练执勤不忘,军民联防不断的昔日风采和精神风貌。它是连队进行思想政治教育、爱国主义教育和国防教育的主要阵地,也是学校和企业开展爱国主义教育的德育基地。先后被评为浙江省国防教育基地、浙江省爱国主义教育基地、温州市国防教育基地。自2000年起,已接待游客达270余万人次,接待有组织的单位团体开展爱国主义和国防教育5000余次,充分发挥了爱国主义教育基地和国防教育基地的功能,同时也进一步扩大了洞头区的社会知名度。

海霞相关话剧和影视作品。1966年2月,著名作家黎汝青来到洞头体验生活,并创作以女子民兵连事迹为基础的长篇小说《海岛女民兵》,于当年7月由人民出版社出版发行,以此书为契机,洞头海岛女民兵名扬神州。1971年,著名导演谢铁骊率演员吴海燕等剧组人员来洞头体验生活,而后将长篇小说《海岛女民兵》改拍成了电影《海霞》。电影《海霞》受到了全国人民的喜爱,其插曲《渔家姑娘在海边》也在当时成为传唱度极高的"流行歌曲"。洞头女民兵形象迅速家喻户晓,成为一代人心目中的精神偶像,许多人慕名来到洞头,想看看这片诞生了巾帼豪杰的土地。

2013年,洞头县拍摄了以"海霞"为题材的微电影《海岛女民兵的爱情故事》,这是目前国内第一部描写新时代海岛女民兵事业、爱情、生活的微电影。制作的海霞旅游歌曲《海霞新曲》在温州市好歌曲评选中,获评"温州好歌曲"。2014年,温州市首部大型海霞青春励志舞台剧《海霞青春梦》上演,广受观众好评。

近日，由中央电视台组织策划拍摄的以“新海霞”为题材的电影，在紧锣密鼓地进行着，这对弘扬海霞文化，宣传海霞精神，提升洞头的知名度将是有力推进。

二、海霞红色旅游

洞头地处浙江南部，为百岛之地，具有得天独厚的海洋旅游资源。洞头县发展海岛旅游业，是从 1987 年开始的。在本岛的景点初具规模后，借助女子民兵连的影响力，提出了“百岛洞头，海霞故乡”的旅游宣传口号。海霞文化有着深厚的土壤，历经数十年的培育、创造和提炼，所产生的以海霞精神为内核的海霞文化，是洞头人民独有的弥足珍贵的精神财富，也是我国国防文化百花园中的一朵绚丽奇葩。新时期，如何将海霞精神和海霞文化融入洞头大旅游的发展理念中，进一步打响海霞品牌，推进洞头海霞红色军事文化旅游产业大发展，很具探索价值。

洞头的红色旅游资源不仅十分丰富，还品类较优，有名扬华夏的洞头先锋女子民兵连、女子民兵连纪念馆、洞头解放史、军事遗址遗迹，如旧营房、哨岗、靶场、战壕、停机坪、南北炮台、郑成功校场等；也有海霞文化的发源地——海霞村、海霞军事主题公园、海霞古渔村、北岙烈士陵园、东海泸定桥、抗倭英雄戚继光雕像等等。

近年来，洞头区委、区政府因势利导，充分挖掘海霞文化这一特色资源，致力于打造全域性的海霞文化品牌，组织开展以“讲海霞、学海霞、做海霞”为主题的学习实践活动，开展海霞命名工作，挖掘海霞品牌价值，有效提升海霞精神感召力和海霞文化影响力。新成立不久的海霞文化研究会更搭建了组织、传承、研究、弘扬海霞文化的交流平台，这些都将对进一步弘扬海霞精神，扩大海霞文化影响力发挥积极作用。

第三节　海霞精神的推广困境

海霞精神是中华民族传统美德与共产主义光辉思想相结合的精神，是我们党和军队光荣传统和优良作风的集中体现和新的发展。半个多世纪以来，特别是21世纪以来，海霞精神的内涵不断拓宽，传播的范围更加广泛，涌现出了许多先进个人和集体。

今天我们倡导发扬海霞精神是因为海霞精神不仅凝聚着我们时代精神的精华，彰显着社会主义核心价值观，还因为其是先进文化的有力助推器。党的“十八大”提出倡导24字社会主义核心价值观“富强、民主、文明、和谐，自由、平等、公正、法治，爱国、敬业、诚信、友善”，如何更好地结合海霞文化现状，落实社会主义核心价值观推广，成为海霞文化研究的重中之重。经济基础决定上层建筑，文化的发展必然会受到经济、政治发展的影响。在当前社会整体处于转型的大背景下，海霞文化的发展也面临着转型，从而更好地适应社会发展需求，推动社会转型的有序进行。

一、推广困境

相对于其他时代精神，海霞精神在推广过程了出现了自己的问题。20世纪60年代，随着《海岛女民兵》小说的出版和电影《海霞》的上映，海霞精神曾经火遍全中国，激励了一个时代的中国人民。而随着时间的流逝和宣传动员的弱化，勇敢坚强的女民兵形象已经渐渐被国人淡忘，尤其在新一代年轻人中，“海霞”知名度较低。

以“海霞”为主题的红色旅游与海霞文化的传播推广是相辅相成的，海霞文化推广地越好，旅游的人就越多，旅游的人多了，海霞文化传播的范围就更广了。因此，红色旅游对海霞文化传播意义非凡，而“海霞”品牌资源作为洞头县红色旅游的主打产品，目前的开发和利用仍在初期阶段，经济效益和社会效益都还不高，发展中还存在不少问题。

（1）海霞旅游主题形象没有突显。

海霞品牌特色开发不够突出，缺乏主线，过于政治化，亲近感不强。海霞红色旅游文化创意人才、艺术创作、编导人才、军事拓展教官级人才和经营管理人才缺乏，女子民兵连招收新兵难，留住女民兵优秀骨干难，连队综合素质有待提高。

（2）海霞旅游资源缺乏有效整合。

海霞红色旅游资源分散，军事旅游项目参与性不强、海霞文化内涵挖掘不足，游览载体设计缺乏让游客亲自体验的元素，缺乏震撼力和挑战性。各相关景区、景点各自为战，与当地其它资源融合度不高。配套设施不够完善，红色旅游景区建设粗糙，景点周围环境差，景区的公路和游步道没有特色景观。

（3）海霞旅游品牌尚未形成合力。

虽然主张“政府引导，企业经营”的理念，但存在“热一时，冷一时”的现象，设计思路不多，缺乏大手笔、高品质的策划和规划，实施落实较少。政府的持久度、企业的参与度、群众的认同感还不足，相关的优惠政策还没有真正落实。对海霞红色军事文化旅游的认识、措施、要求等方面有较大的差异性，出现部分利益冲突的现象，有关部门各吹各调，旅游主管部门的职能弱化，海霞红色旅游发展还没有真正形成合力。

（4）海霞旅游淡旺季分差悬殊。

洞头海霞红色旅游观光季节性强，淡旺季分差悬殊，洞头全年真正旺季约100天，海霞红色旅游主要集中在5月、7月、8月、10月中的某几个特殊的纪念日、节假日或政治活动日。因时令性强，在旺季时，旅游接待设施往往超负荷运作；淡季时，旅游接待设施又多处于闲置状态。

积极主动地解决好上述问题，对推动海霞红色旅游至关重要，需要海岛人在海霞精神的激励下团结奋斗。除了在红色旅游方面的推广困境，海霞精神在传播上还遇到了一些其他问题，例如文艺作品传播力度不够，群众接受度不高等等。

二、坚持创新和走出去机制

（1）坚持创新战略。

创立海霞文化专门刊物，可为季刊或半年刊。设置专栏刊登海霞连队的最新发展状况，让更多民众了解民兵连，理解民兵连，为更好地传播海霞精神奠定基础。

设立海霞精神学习周，坚持分层施教抓宣传。县四套班子领导坚持每年举行“军事日”活动；县海霞办开展海霞文化“四进”活动宣传教育，通过组织宣讲人员进机关、进学校、进企业、进村居，讲述海霞故事、宣传海霞精神，将海霞文化融入廉政文化、旅游文化、校园文化、企业文化，不断提高海霞的感召力，增强人们对海霞的认同感；教育部门把国防教育纳入教育规划，开设国防教育课，培养学生国防观念。清明期间，机关干部、部队官兵、学生、社会团体坚持到烈士陵园开展悼念革命英烈活动。

创立多样化的海霞文艺活动。通过文艺活动的形式传播海霞精神，可以举办海霞舞台剧下乡巡演活动，海霞红色歌曲大赛等等，在全社会形成积极学习海霞精神的良好氛围。建立海霞文化艺术团，招收一批具有艺术才能的女民兵优先入团，聘任连队外的艺术骨干指导，成立一支半专业的海霞艺术团，开展海霞旅游文化宣传。在形式上要突出洞头民俗风情，结合海霞文化、旅游文化、海洋文化、渔家乐民俗文化，进一步深化海霞文化的艺术感染力，营造海霞文化精神良好的社会风尚。研究创作海霞文化精品，在人物塑造和作品创作上要创新，在文艺表演形式上要多样化。

加强志愿者队伍建设。志愿者队伍是除了女子民兵连之外现代海霞最直接的代言人，加强志愿者队伍建设意义重大。以提高公民文明素质和社会文明程度为目标，发展更多的海霞妈妈服务队，海霞学生服务队，海霞企业服务队，海霞机关服务队等，形成社会对海霞的普遍认同、共同遵循，引导广大干部群众将其内化为自觉追求，外化为实际行动，为洞头发展提供强大的精神动力。

“海霞红色军事文化旅游综合体”依托海霞文化资源、渔家民俗文化资源、海岛自然山水景观，将旅游与生活空间有机结合。在旅游产品开发上深度挖掘，注重主题感动化、军事挑战化、文化本土化、科幻体验化、互动多样化、休闲娱乐化、拓展康体化、情景生态化。除此之外，在服务和配套设施的细化上，要以旅游者的需求和习惯为出发点，最大化地为他们提供完善服务，达到旅游服务要素的高效聚集与整合，使海霞红色主题旅游资源保护体系、军事旅游精品创建和海霞文化产业发展体系更加有效、更加健全。要将洞头海霞红色军事文化旅游经典景区植入绿色理念，渗入蓝色故事，融入特色非遗和民俗风情等地域文化、融入休闲旅游产品的策划和具体项目开发中，全面促使海霞红色主题旅游与洞头国际性旅游岛、温州现代国际性大都市、浙江海洋旅游经济协调发展，把海霞红色旅游推向一个新阶段、新水平、新高度。

(2)坚持走出去战略。

海霞精神发源于洞头，是具有海岛特色的文化品牌。海霞精神内涵具有广阔的包容性，可以推广到温州、浙江甚至全国，把海霞的精神介绍给更多的人，为他们的工作生活带去积极影响。

选择适宜的传播媒介。通过海霞小故事、微电影、话剧、微信公众号等形式，充分利用好当下新媒体蓬勃发展的有利时机，将海霞故事讲给更多的人听，让海霞精神走出洞头，走出温州，走出浙江，迈向全国。不断加强海霞文化媒体宣传，加大市场开发力度。通过中央、省、市、区主流媒体，及时报道各单位、各部门和广大干部群众学习弘扬践行海霞精神的生动实践，形成浓厚的舆论氛围。运用知识竞赛、专题报告、座谈讨论、理论宣讲、编写图书等形式，突出典型引领，提高社会知名度。系统搜集整理各级党政军领导人对海霞的指示言论，积极与全国知名的新闻媒体、影视集团、传媒公司等文化媒介进行广泛的交流合作，适时推出一批为人民大众所喜闻乐见的文化精品。

(3)坚持在时代精神下发展海霞精神。

为适应我们党在新时期对社会主义先进文化建设提出的更高要求，充分发挥社会主义先进文化作为经济发展、政治稳定、社会和谐精神支撑和精神动力的作用，应遵循以下原则：

第一，坚持以马克思主义为指导。以马克思主义为指导，在新的实践基础上不断做出新的理论概括，为发挥社会主义先进文化的先导作用提供强有力的理论支持。大力实施马克思主义理论研究和建设工程，尽快形成全面反映马克思主义中国化最新成果的学科体系和教材体系，从总体上加大用党的创新理论统领思想文化阵地的力度。

第二，坚持“三贴近”。按照贴近生活、贴近实际、贴近群众的原则，不断加强和改进社会主义先进文化建设，使主流意识形态的思想因素、现实内容与人民群众的利益需求有机地统一起来，通过科学而有力的舆论导向、文化辐射、政策激励、制度安排等，既统一思想又尊重差异，既引导群众又服务群众，不断增强社会主义先进文化的亲和力。把体现党的主张与反映人民心声统一起来，把思想性与艺术性统一起来，采取灵活多样的表现形式，在轻松、愉悦的语境和氛围中更好地发挥社会主义先进文化的说服力和感召力。

第三，坚持尊重差异、包容多样。尊重差异、包容多样，是发挥社会主义先进文化先导作用的题中应有之义。它体现了一种文化自觉，表明我们党在思想文化建设上认识更加深刻、视野更加开阔、境界更加高远。同时，尊重差异、包容多样也是发挥社会主义先进文化先导作用的重要前提条件。善于包容是先进思想文化的特质，也是先进思想文化发挥主导作用、走向兴旺发达的必由之路。社会主义先进文化的先导作用就是通过引领，使多样化的社会思潮按照社会主义先进文化主导的方向更好地统一起来，不断巩固和发展社会主义思想文化高地。

第四，坚持引导社会思潮与解决实际问题相结合。认真分析、研究不同社会思潮的本质内容、表现形势、社会影响及其产生根源，有重点地做好引领工作，特别是要把那些带有全局性影响的社会思潮作为重点对象来加以引领，下大力气求得突破性进展，以形成辐射式的社会效应。同时，了解人民群众的思想理论困惑，重视解决人民群众最关心、最现实的利益问题和各种利益矛盾，特别是深入了解和掌握社会热点问题，采取有力措施加大引导力度，使之朝着有利于形成社会思想共识的方向健康发展，把发挥社会主义先进文化先导作用、形成社会思想共识的工作抓的更加扎实、有效。

第五，坚持创新形式和手段。发挥社会主义先进文化的先导作用，应不断创新形式和手段，拓宽教育的渠道。坚持党委领导、政府负责、社会协调、公众参与的原则，充分发挥各级党委和政府的领导作用，发挥工会、共青团、妇联等人民团体的桥梁作用，发挥行业组织、社会中介组织、群众自治组织的辅助作用。把社会主义先进文化建设融入国民教育和精神文明建设的全过程，为发挥社会主义先进文化先导作用、形成社会思想共识创造更加有利的社会环境。通过新闻出版、广播影视、文化艺术、社会科普教育等各种途径，把发挥社会主义先进文化先导作用的工作渗透到各个方面、各个环节。同时，根据人们接受信息途径的新变化，努力探索发挥社会主义先进文化先导作用的新方法、新手段。

第四节 海霞精神的传播路径

当前海霞精神已成为地方独具特色的文化资源，既有洞头印记又有时代特征；既是学习榜样，又需传承和发展；既体现在精神层面，又反馈于物质层面。继承和弘扬海霞精神，充分发挥海霞的精神支撑作用，彰显海霞的文化魅力，打造海霞红色旅游品牌，能为洞头建设海上花园提供强大精神动力和经济能量。

一、进一步夯实海霞精神的土壤根基

首先，要强化自身建设。有女子民兵连才有海霞，女子民兵连是根本，是基础。要通过规划执行，结合形势发展的变化以及女子民兵连的实际情况，深入调研，科学决策，制定出切实可行的女子民兵连发展规划；要通过壮大队伍，巩固好这支“队伍不散”的组织，关心爱护这支“海霞精神”的先遣队，培养鼓励更多的人加入这个组织，使新生力量成为携手相连的后备军；要严格训练，作为预备役部队，坚持严格开展军事训练，掌握过硬的军事技能，顺应形势发展变化，成为一支名副其实的队伍。

其次，要完善运作机制。始终保持女子民兵连的建制，确保组织队伍不散，这里既要留得住人，又要才尽其用。要深入研究女子民兵连发展的市场经济路子，如可探索新时期女子民兵连服役机制，每年从企事业单位选拔一定数量的女民兵，着眼于素质训练，使女子民兵连成为一支平时能应急的拳头力量。也可连队技能职业化，将女子民兵连办成“旅游单位连”“培训基地连”“导游连”“教官连”“文艺连”等，编内编外兼存，开展红色旅游经营、扩大公共服务等，壮大连队的生机与活力。

再次，要整合相关资源。整合以海霞为维系所形成的各种资源，这里包括“洞头先锋女子民兵连纪念馆”“海霞军事主题公园”“海霞导游团”“海霞夏令营”“海霞旅游—生态消费日”等等，利用这些有利条件，做好提升工作，使各项资源相得益彰，形成整体合力，发挥更大效应。也可引线搭桥，借助各类以海霞冠名的事物，如“海霞志愿者服务队”“海霞电力服务队”等等，不断挖掘开发新的资源，创新载体，做好各种发展文章，培育好海霞精神的新沃土，形成开枝散叶之势，真正让战旗今朝更红。

二、进一步唱响海霞精神的时代旋律

深入实施海霞精神凝聚行动。采用群众喜闻乐见的形式，在不同层面、不同场合、不同时机，经常性开展学习宣传教育。如开展“重读领导贺信、重唱海霞歌曲、重温连队生活”等活动，通过编印《海霞传》等书籍、观看海霞电影、老海霞讲故事、海霞讲坛、海霞主题日等活动，运用知识竞赛、专题报告、理论宣讲、编写教材等形式，广泛开展海霞精神主题大讨论，不断提升海霞精神的感召力。深入实施海霞平台拓展行动。充分运动报纸、电视、网络等媒体，全方位宣传海霞动态，让全社会了解海霞的发展变化。如开通“海霞”官方微信微博，建立海霞网站，利用海霞志愿服务总队，在媒体开辟“海霞在行动”专栏，宣传海霞故里、海霞事迹、海霞人物，推出一批海霞式先进人物，突出典型引领。

深入实施海霞主题实践活动。着眼于重点行业、重点群体、重点对象，通过具体的实践来觉悟，通过鲜活的典型来引领，使海霞精神更加贴近实际、贴近生活、贴近时代。如在少年儿童中开展海霞夏令营、海霞主题班会、争做小海霞行动；在青年群体中开展海霞志愿者服务行动、评选海霞标兵、争创青年文明号海霞示范岗；在老年群体中以海霞老妈妈为示范，积极发挥余热做贡献。及时报道各类学习弘扬践行海霞精神的生动实践，形成浓厚的舆论氛围，引领社会风尚。

三、进一步丰富海霞精神的文化内涵

丰富海霞文化内容。要赋予海霞文化鲜明的时代特色，做到制度上有保障，机制上有创新，内容上有要求。在挖掘内涵的同时，不断扩展外延，在有深度的同时，要有广度。如要通过进一步走访当事人，搜集新老同志回忆录，用亲历者的经历来全面反映海霞人的工作生活，编辑出版《海霞大事记》《海霞文化的传承和弘扬》和《海霞英雄故事》《海霞新传》等类似书籍。要搜集整理海霞文化的报纸、文章、照片、图书和影视资料等实物。要系统搜集整理中央和省、市党政军领导人对海霞的指示言论。要积极和全国知名的新闻媒体、影视集团、传媒公司等文化媒介进行广泛交流合作，推出一批《海霞金曲》《海霞舞蹈》《海霞影像》等文化精品。

巩固海霞文化阵地。依托“洞头先锋女子连纪念馆”“海霞军事主题公园”“军民友谊池”“海霞广场”“海霞公园”等一批海霞主题文化阵地，完善阵地设施，突出海霞文化内涵。巩固发展海霞旅游公司，积极拓展海霞实践基地，联系承接各旅行团或机关、学校、企事业单位训练业务和国防教育任务，让海霞实践基地成为爱国主义教育活动和军事活动基地。随着“海霞文化发展工作办公室”和“海霞文化研究所”的成立，必将进一步加强对“海霞”的组织领导，创新“海霞”的工作机制，促进海霞文化的转型发展。完善海霞文化机制。完善海霞文化产品评价和激励机制。坚持把群众评价、专家评价和市场检验统一起来，加大对产生良好社会影响的文化作品的奖励力度，建立有利于出精品、出人才、出效益的评价机制。继续实施海霞创作奖励、海霞作品扶持和签约作家制度，设立“海霞文化杰出贡献奖”，表彰在文学艺术、人文社科、广播影视等领域对推广海霞文化做出突出贡献的工作者。运用主流媒体、公共文化场所等资源，在资金、频道、版面、场地等方面为展演展映展览弘扬海霞文化的精品力作提供条件。完善推动海霞文化走出去的机制，挖掘和整合海霞文化资源，培育一批具有洞头特色的海霞文化精品项目，借助“文化周”“艺术节”等形式，加强与国内广播电台、电视台、互联网等媒体的合作力度，增进媒体对新时期海霞的了解，积极向外推介海霞文化，努力让海霞走向全国，提升洞头美誉度。

四、进一步提升海霞精神的产业价值

展现海霞特色文化风采。文化是旅游的根源也是旅游的卖点。洞头旅游自然与人文资源丰富多彩、异彩纷呈，这些资源体现着不同的文化特质。海霞飘扬着红色文化的旗帜，蕴含着海岛民俗风情文化、国防前哨文化、卓越女性文化，“海霞红色文化旅游”，其历史是军民联防、其性质是民兵预备役、其阵地是海霞军事主题公园、洞头先锋女子民兵连纪念馆及海霞营地，尽管旅游观光或参与体验项目多样，但目的是国防教育，可以以乐游的方式完成军事知识普及国防教育的过程。同时洞头地处东海前哨，距台湾基隆港 138 海里，洞头岛还是距钓鱼岛最近的县城岛域，肩负着海防的前沿任务，从海霞文化上升为国防前哨文化，既符合海霞文化的本色又拓展延伸了海霞文化广阔的时空外延。此外，由洞头先锋女子民兵连为原型的海霞文化，和由林默娘为原型的妈祖文化，从文化符号、语言选择上，使我们看到解读和传播“爱岛尚武，励志奉献”的海霞精神和中华女子美德都可以给人更深刻、更广泛、更乐于认同的教育。这些从旅游产品设计的多样性、旅游项目开发的创新性和旅游产业的发展性上都有更高更好更新的选择，对旅游者也更有感染力、吸引力。

打造海霞红色旅游基地。海霞是洞头的一张名片，并已经有建设海霞红色旅游景区的基础条件。目前纪念馆有广场、连部、海霞营地营房、餐厅和连史馆，已经具备了红色旅游讲解的接待条件。从延伸项目上，海霞军事主题公园，建有胜利岙战斗纪念雕塑、将军题词壁、海峡影棚、射击演练、军事操练、丛林栈道、华山险道、深林攀爬、军事器材展览室和国防知识画廊等项目，开放以来比较受到欢迎。从海霞村建设上，实施村庄景点化建设，打造红色文化旅游生态村，并获得了许多荣誉称号。可挖掘海霞村历史战地资料，将洞头解放与反特素材、军民联防的实地观光区域，融入海霞红色旅游景区。在现有基础上优化升级，规划海霞红色旅游景区，将其列入洞头县景区编制，作为重点景区推广宣传，并力争成为全国红色旅游景点景区。

培育海霞红色文化产业。在红色文化与红色旅游产业结合、海霞文化与军事主题项目延伸开发上，优化组合综合开发，突出参与性、体验性、特色性、规模化。要从活动上提升，大胆创新，如举办洞头中国海霞红色旅游文化节，以“国防教育”“过军事日活动”“真人CS”“海霞渔村之旅”“听海霞寻故事”等方式，将海霞精神植入旅游体验过程中，在游玩中体会海霞精神，从而形成“我上洞头知海霞、学海霞、当海霞”“海霞精神伴我行”的社会氛围。借助“海霞旅游·生态消费日”，全方位推广“海霞故乡、海岛风光、生态洞头”的品牌形象。渔村、渔民、渔业，对大多数人而言是陌生的、新奇的，可以利用住一天渔村，当一天渔民，从事一天渔业活动，吃一天渔家饭等形式，组织开展“讲海霞、学海霞、做海霞”活动，寓游于乐，寓教于游，走出一条海霞红色旅游特色发展之路。另外，做好洞头非物质文化遗产、民俗文化和海霞文化的互促互动，包括拍摄电影、制作《海霞新曲》、创作海霞青春励志舞台剧、开发旅游纪念品等，挖掘开发特色旅游产品，提升产业吸引力和竞争力。